Dr. Oetker

Dr. Oetker

Dr. Oetker Verlag

Vorwort

Gut und günstig, einfach und unwiderstehlich – so sind die Rezepte, die Sie in diesem Buch finden. Selbst zubereitete Sparrezepte sind keine Frage der Zeit, sondern der optimalen Vorbereitung und Planung.

So finden Sie im Kochteil beliebte Klassiker und neue Rezeptideen. Da warten Kartoffelsuppe mit Wiener Würstchen und Fischröllchen auf Möhrengemüse, aber auch Hackbraten mit Kartoffelgratin oder Wackelpeter aufs Nachkochen.

Im Backteil präsentieren sich Marmorkuchen aus der Form und Quarkkuchen vom Blech, fruchtige Russisch-Brot-Torte und Sauerkirsch-Frischkäse-Torte aus dem Kühlschrank. Hier findet jeder seinen Lieblingskuchen: Und das für weniger als 5,50 Euro pro Kuchen.

Praktische Tipps und Rezeptvarianten erleichtern Ihnen die Zubereitung der Rezepte und sorgen für Abwechslung. Allgemeine Hinweise zum Buch und zum entspannten Kochen und Backen nach Plan geben wir Ihnen im Ratgeber mit auf den Weg.

Alle Rezepte wurden von uns nachgearbeitet und sind so beschrieben, dass sie Ihnen garantiert gelingen.

Kapitelübersicht

Suppen und Eintöpfe

Seite 8–25

Kartoffel-, Reis- und Nudelbeilagen

Seite 72–83

Salate

Seite 26–43

Vegetarische Gerichte

Seite 84–97

Snacks und Kleinigkeiten

Seite 44–57

Fischgerichte

Seite 98–109

Aufläufe und Gratins

Seite 58–71

Fleisch in Bestform

Seite 110–129

Süße Mahlzeiten und Desserts

Seite 130–139

Kühlschranktorten

Seite 244–259

Kuchen aus der Form

Seite 140–177

Herzhaftes Gebäck

Seite 260–271

Blechkuchen

Seite 178–223

Ratgeber Kochen

Seite 272–277

Torten

Seite 224–243

Ratgeber Backen

Seite 278–283

Einfach

Tomatensuppe

1½ kg Fleischtomaten • 2 Zwiebeln • 2 Knoblauchzehen • 2 EL Speiseöl, z. B. Olivenöl • 500 ml (½ l) Gemüsebrühe • 1 Prise Zucker • Salz • frisch gemahlener Pfeffer • Cayennepfeffer • 1 Lorbeerblatt • getrockneter, gerebelter Oregano • einige Basilikumblättchen

1 Tomaten abspülen, abtropfen lassen, vierteln und die Stängelansätze herausschneiden. Tomaten würfeln. Zwiebeln und Knoblauchzehen abziehen und fein würfeln.

2 Öl in einem Topf erhitzen. Zwiebel- und Knoblauchwürfel darin unter Rühren dünsten. Tomatenwürfel, Brühe, Zucker, Salz, Pfeffer, Cayennepfeffer, Lorbeerblatt und Oregano hinzufügen, zum Kochen bringen und zugedeckt etwa 15 Minuten bei schwacher Hitze kochen lassen.

3 Das Lorbeerblatt herausnehmen. Die Suppe pürieren und durch ein Sieb streichen. Die Suppe nochmals kurz aufkochen und mit den Gewürzen abschmecken. Basilikumblättchen abspülen und trocken tupfen. Die Suppe mit Basilikumblättchen bestreut servieren.

Wenn es zum Monatsende besonders sparsam sein soll, können Sie anstelle von frischen Tomaten auch je 1 große und kleine Dose (800 g und 400 g) geschälte Tomaten verwenden (Pro Portion: etwa 0,45 €). Servieren Sie die Suppe mit einigen Tropfen Olivenöl beträufelt und mit gerösteten Tomaten-Baguette-Scheiben. Dazu 8 dünne Baguettescheiben in 2 Esslöffeln Olivenöl rösten. Darauf 4 fein gewürfelte Tomaten verteilen, mit Salz und Pfeffer bestreuen (Pro Portion: etwa 1,30 €).

Für Tomatensuppe mit Mozzarella-Klößchen (Pro Portion: etwa 1,65 €) 250 g Mozzarella abtropfen lassen, grob zerkleinern und pürieren. 1 Topf Basilikum abspülen, trocken tupfen und die Blättchen von den Stängeln zupfen. Blättchen hacken, unter die Mozzarella-Masse kneten, salzen und pfeffern. Aus der Mozzarella-Masse 18–24 Klößchen formen, in Suppentellern verteilen und die Suppe daraufgeben.

Zubereitungszeit: 30 Minuten • Garzeit: etwa 15 Minuten
4 Portionen • Pro Portion: E: 5 g, F: 6 g, Kh: 13 g, kJ: 535, kcal: 126, BE: 0,0

8 | Suppen und Eintöpfe

Pro Portion etwa **1,20 €**

Zum Vorbereiten

Pro Portion etwa **1,25 €**

Rindfleischbrühe

1 kg Rindfleisch (z. B. Bug, Querrippe, Beinfleisch) möglichst mit Knochen oder zusätzlich 1–2 Markknochen • 2–3 l kaltes Wasser • 1 EL Salz • 1 Bund Suppengrün (Möhre, Porree, Sellerie) • 2 mittelgroße Zwiebeln • 1 TL Pfefferkörner • 1 Lorbeerblatt

1 Rindfleisch und Knochen unter fließendem kalten Wasser abspülen und mit Wasser bedeckt in einen großen Topf geben. Das Ganze ohne Deckel zum Kochen bringen.

2 Den Schaum mit einer Schaumkelle abschöpfen. Salz in den Topf geben. Das Rindfleisch zugedeckt 2–2½ Stunden bei mittlerer Hitze kochen lassen.

3 In der Zwischenzeit Suppengrün putzen, schälen, abspülen und abtropfen lassen. Zwiebeln abziehen. Suppengrün und Zwiebeln etwas zerkleinern.

4 Nach etwa 1 Stunde Garzeit Suppengrün, Zwiebelstücke und Gewürze hinzufügen und mitkochen lassen.

5 Nach etwa 2½ Stunden Garzeit das Rindfleisch herausnehmen. Die Brühe durch ein feines Sieb gießen. Die Brühe mit Salz abschmecken.

6 Für eine fettarme Brühe die Brühe abkühlen lassen. Die Brühe dann mindestens 4 Stunden zugedeckt in den Kühlschrank stellen. Mit einem Löffel das kalte erstarrte Fett auf der Oberfläche der Brühe abheben.

Das gekochte Rindfleisch, welches Sie unter Punkt 5 aus der Brühe nehmen, kann vom Knochen gelöst, von Fett und Sehnen befreit und in kleine Stücke geschnitten, wieder als Einlage in die Brühe gegeben werden.

Für eine einfache Rindfleischbrühe mit Gemüseeinlage (3–4 Portionen, Pro Portion: etwa 1,35 €) ½ Bund Suppengrün putzen, abspülen, abtropfen lassen, in dünne Streifen schneiden und 10 Minuten in der Brühe garen. ½ Bund Petersilie abspülen, trocken tupfen, die Blätter abzupfen und hacken. Die Brühe damit bestreuen.

Zubereitungszeit: 30 Minuten, ohne Kühlzeit • Garzeit: 2–2 ½ Stunden
6–8 Portionen • Pro Portion: E: 20 g, F: 9 g, Kh: 3 g, kJ: 732, kcal: 175, BE: 0,0

Für Gäste – Foto

Käse-Porree-Suppe

3 Porreestangen (Lauch, etwa 700 g) • 3 EL Olivenöl • 750 g Gehacktes (halb Rind-, halb Schweinefleisch) • Salz • frisch gemahlener Pfeffer • 1 l Fleischbrühe • 1 Glas Champignons in Scheiben (Abtropfgewicht 470 g) • 200 g Sahne- oder Kräuterschmelzkäse

1 Porree putzen. Dunkles Grün (etwa ein Viertel der Stange) abschneiden. Porreestangen längs halbieren, gründlich waschen und abtropfen lassen. Porree in kleine Stücke schneiden.

2 Öl in einem großen Topf erhitzen. Gehacktes hinzufügen und anbraten. Dabei die Fleischklümpchen mit einem Pfannenwender oder Kochlöffel zerdrücken, mit Salz und Pfeffer würzen.

3 Porreestücke hinzufügen und kurz andünsten. Brühe hinzugießen und zum Kochen bringen. Das Ganze zugedeckt etwa 15 Minuten garen.

4 Champignonscheiben in einem Sieb abtropfen lassen und hinzufügen. Käse dazugeben und unter Rühren schmelzen lassen, dabei die Suppe nicht mehr kochen lassen. Die Suppe mit Salz und Pfeffer abschmecken.

Die Suppe kann gut vorbereitet und ohne Schmelzkäse eingefroren werden. Sie eignet sich gut als Partysuppe.

Zubereitungszeit: 30 Minuten • Garzeit: etwa 15 Minuten • 6 Portionen
Pro Portion: E: 32 g, F: 36 g, Kh: 5 g, kJ: 1943, kcal: 464, BE: 0,0

Pro Portion etwa 1,20 €

Küchenklassiker

Pro Portion etwa **1,65 €**

Hühnerbrühe

1 Suppenhuhn (etwa 1,5 kg) • etwa 2½ l Wasser • 1 EL Salz • 1 Bund Suppengrün (Möhre, Porree, Sellerie) • 10 Pfefferkörner • 2 Lorbeerblätter • 1 Kräutersträußchen (3 Petersilienstängel, 2–3 Thymianstängel)

1   Suppenhuhn gründlich von innen und außen abspülen. Wenn nötig, Innereien entfernen.

2   Huhn in einen Topf legen, mit Wasser bedecken und ohne Deckel aufkochen lassen. Den Schaum, der entsteht, mit einer Schaumkelle abschöpfen. Salz in den Topf geben. Das Huhn zugedeckt 1½–2 Stunden köcheln lassen, wenn nötig, etwas kaltes Wasser nachgießen.

3   Das Suppengrün putzen, schälen, abspülen, abtropfen lassen und grob zerteilen. Zerkleinertes Suppengrün mit den Pfefferkörnern und Lorbeerblättern nach 1 Stunde Garzeit zugeben.

4   Etwa 15 Minuten vor Ende der Garzeit das Kräutersträußchen abspülen, abtropfen lassen, in den Topf geben und ziehen lassen. Dann die Brühe durch ein feines Sieb gießen.

5   Das Huhn enthäuten, das Fleisch von den Knochen lösen, klein schneiden und als Suppeneinlage verwenden.

Wenn Sie nicht die ganze Brühe auf einmal verarbeiten, dann frieren Sie die Brühe mit dem Fleisch ein und verarbeiten sie zu einem späteren Zeitpunkt weiter.

Für eine einfache Hühnerbrühe mit Reiseinlage (4 Portionen, Pro Portion: etwa 0,90 €) etwa 1 l der Hühnerbrühe zum Kochen bringen. 75 g Langkornreis hinzugeben, unterrühren und nach Packungsanleitung in etwa 20 Minuten gar kochen. Restliches Fleisch in Streifen schneiden und kurz miterhitzen. Die Brühe mit Salz und Pfeffer abschmecken, mit 1 Esslöffel gehackter Petersilie bestreut servieren.

Zubereitungszeit: 30 Minuten, ohne Kühlzeit • Garzeit: 1½–2 Stunden
6–8 Portionen (etwa 2 l) • Pro Portion: E: 34 g, F: 8 g, Kh: 0 g, kJ: 888, kcal: 212, BE: 0,0

Pro Portion etwa 1,15 €

🔄 Für eine Bunte Nudel-Hühner-Suppe (siehe Foto) etwa 1 l der Hühnerbrühe und das Fleisch der Hühnerbrust bereitstellen. 2–3 Möhren putzen, schälen, abspülen, abtropfen lassen und in dünne Scheiben schneiden. 1 Stange Porree (Lauch) putzen, längs halbieren, gründlich waschen und abtropfen lassen. Porree in dünne Streifen schneiden. Die Brühe zum Kochen bringen. Möhrenscheiben darin etwa 5 Minuten garen. Dann Porreestreifen und 200 g TK-Erbsen hinzufügen, alles weitere etwa 3 Minuten köcheln lassen. Fleisch in Scheiben schneiden, in die Suppe geben und miterhitzen. In der Zwischenzeit etwa 150 g Nudeln (z. B. Spirelli, Muschel- oder Hörnchennudeln) nach Packungsanleitung knapp gar kochen, in ein Sieb abgießen, kurz abspülen, abtropfen lassen und in die heiße Suppe geben. Die Suppe kurz umrühren, mit Salz und Pfeffer abschmecken und servieren.

Schmeckt auch aufgewärmt

Wirsingeintopf mit grünen Bohnen

½ Kopf Wirsingkohl (etwa 500 g) • 200 g grüne Bohnen • 600 g vorwiegend festkochende Kartoffeln • 400 g Kasselerfleisch, ohne Knochen • 1½ l Fleischbrühe • 2 EL Sonnenblumenöl • Salz • frisch gemahlener Pfeffer • geriebene Muskatnuss

1 Wirsing putzen und halbieren. Den Strunk herausschneiden, Wirsing abspülen, abtropfen lassen und in schmale Streifen schneiden. Von den Bohnen die Enden abschneiden. Bohnen evtl. abfädeln, abspülen, abtropfen lassen und in Stücke schneiden. Kartoffeln schälen, abspülen, abtropfen lassen und in Würfel schneiden.

2 Kasseler mit Küchenpapier trocken tupfen. Die Brühe in einem Topf erhitzen. Kasseler hinzugeben und etwa 10 Minuten zugedeckt in der Brühe garen.

3 Inzwischen Öl in einem zweiten Topf erhitzen. Wirsingstreifen und Bohnenstücke darin 5–8 Minuten unter gelegentlichem Rühren andünsten.

4 Das angedünstete Gemüse und Kartoffelwürfel zum Kasseler in den Topf geben, mit Salz und Pfeffer würzen. Den Eintopf zugedeckt 10–15 Minuten leicht köcheln lassen.

5 Kasseler aus dem Topf nehmen und etwas abkühlen lassen. Fleisch in kleine Würfel schneiden und wieder in den Eintopf geben, alles kurz erwärmen und mit Salz, Pfeffer und Muskat abschmecken.

Statt frischer Bohnen können Sie auch TK-Bohnen verwenden. Die angetauten, klein geschnittenen Bohnen brauchen nicht mit angedünstet werden. Sie können sie mit den Kartoffeln zugeben.

Wirsingtopf mit Mettenden (Pro Portion: etwa 1,05 €). Anstelle des Kasselers können Sie 4 Mettenden (Rauchenden) zum fast fertigen Eintopf geben. Den Eintopf dann wie im Rezept beschrieben, aber ohne Kasseler zubereiten. Mettenden in Scheiben schneiden, kurz vor dem Ende der Garzeit in den Eintopf geben und erwärmen. Anschließend den Eintopf abschmecken.

Zubereitungszeit: 30 Minuten • Garzeit: 20–35 Minuten

4 Portionen • Pro Portion: E: 25 g, F: 14 g, Kh: 23 g, kJ: 1358, kcal: 324 BE: 2,0

14 | Suppen und Eintöpfe

Pro Portion etwa **1,20 €**

Beliebt bei allen

Kartoffelsuppe mit Wiener Würstchen

1 Bund Suppengrün (Möhre, Porree, Sellerie) • 750 g mehligkochende Kartoffeln • 2 EL Sonnenblumenöl • 1 l Gemüsebrühe • 1 Lorbeerblatt • 1 TL gerebelter Majoran • Salz • frisch gemahlener Pfeffer • 500 g Wiener Würstchen, aus dem Glas

1 Suppengrün putzen. Dazu Sellerie schälen. Möhre putzen und schälen. Sellerie und Möhre abspülen und abtropfen lassen. Porree putzen. Die Stange längs halbieren, gründlich waschen und abtropfen lassen. Vorbereitetes Suppengrün grob würfeln.

2 Kartoffeln schälen, abspülen, abtropfen lassen und in Stücke schneiden.

3 Öl in einem großen Topf erhitzen. Zuerst das vorbereitete Suppengrün darin unter Rühren andünsten, dann die Kartoffelstücke hinzufügen und kurz mitdünsten.

4 Brühe hinzugießen. Lorbeerblatt und Majoran hinzugeben. Das Ganze zum Kochen bringen. Die Suppe zugedeckt bei mittlerer Hitze etwa 20 Minuten kochen lassen, dabei gelegentlich umrühren. Evtl. etwas Gemüsebrühe nachgießen.

5 Das Lorbeerblatt entfernen. Die Suppe mit einem Kartoffelstampfer etwas zerdrücken oder etwa ein Viertel der Suppe in einen Rührbecher geben, pürieren und wieder unter die Suppe rühren.

6 Die Suppe mit Salz und Pfeffer abschmecken. Die Wiener Würstchen ganz oder in Scheiben geschnitten in der Suppe erhitzen.

🍲 Schmecken Sie die Kartoffelsuppe nach Belieben mit etwas Muskat ab und bestreuen Sie die Suppe mit gehackter Petersilie.

Zubereitungszeit: 30 Minuten, ohne Kühlzeit • Garzeit: etwa 20 Minuten
4 Portionen • Pro Portion: E: 23 g, F: 40 g, Kh: 26 g, kJ: 2350, kcal: 561, BE: 2,0

Pro Portion etwa **1,20 €**

Pro Portion etwa 0,75 €

Kalorienarmer Genuss

Curry-Linsen-Suppe

1 Zwiebel • 1 Knoblauchzehe • 30 g Butter • 1 EL Currypulver • ½ TL Paprikapulver edelsüß • ¼ TL gemahlener Kreuzkümmel (Cumin) • Salz • frisch gemahlener Pfeffer • 4 TL Tomatenmark • 750 ml (¾ l) Gemüsebrühe • 250 g getrocknete, gelbe oder rote Linsen • 3 EL Rosinen • ½ Bund glatte Petersilie

Zubereitungszeit: 20 Minuten • Garzeit: etwa 15 Minuten • 4 Portionen
Pro Portion: E: 19 g, F: 8 g, Kh: 44 g, kJ: 1360, kcal: 325, BE: 3,5

1 Zwiebel und Knoblauch abziehen und in kleine Würfel schneiden. Butter in einem Topf zerlassen. Zwiebel- und Knoblauchwürfel darin andünsten.

2 Curry, Paprika, Kreuzkümmel, Salz, Pfeffer und Tomatenmark hinzufügen, kurz mit andünsten. Brühe hinzugießen. Linsen unter Rühren einstreuen. Die Suppe zum Kochen bringen und zugedeckt 20–25 Minuten bei schwacher Hitze köcheln lassen, dabei gelegentlich umrühren.

3 In der Zwischenzeit Rosinen in ein Sieb geben, kalt abspülen und abtropfen lassen. Rosinen nach dem Ende der Garzeit hinzugeben und die Suppe mit Gewürzen und Salz abschmecken.

4 Petersilie abspülen und trocken tupfen. Die Blättchen von den Stängeln zupfen und grob hacken. Die Suppe mit Petersilie bestreut servieren.

Sie können auch die klassischen braunen Tellerlinsen verwenden. Die Garzeit beträgt dann etwa 30 Minuten.

18 | Suppen und Eintöpfe

Beliebter Klassiker

Linsensuppe

1½ l Fleisch- oder Gemüsebrühe • 250 g getrocknete Tellerlinsen • 500 g Kartoffeln • 1 Bund Suppengrün (Möhre, Porree, Sellerie) • 1 Zwiebel • ½ TL Salz • Pfeffer • 2 Mettenden (Rauchenden) • etwas Essig • 1 Prise Zucker • 2 EL gehackte Petersilie

1 Die Brühe in einen Topf geben und zum Kochen bringen. Die Linsen hinzufügen und etwa 15 Minuten zugedeckt bei schwacher Hitze kochen lassen, dabei gelegentlich umrühren.

2 In der Zwischenzeit Kartoffeln schälen, abspülen und abtropfen lassen. Suppengrün putzen, schälen, abspülen und abtropfen lassen. Zwiebel abziehen. Gemüse würfeln, zu den Linsen geben, mit Salz und Pfeffer würzen. Die Suppe noch 20–30 Minuten kochen lassen, dabei gelegentlich umrühren.

3 Die Mettenden in dünne Scheiben schneiden, dazugeben und 1 Minute mitkochen lassen. Die Suppe mit Essig und Zucker abschmecken, mit Petersilie bestreut servieren.

🍲 Braten Sie zuerst etwa 150 g geräucherten, gewürfelten Speck in dem Topf an und geben Sie dann die Linsen hinzu. Lassen Sie 1 Teelöffel gehackte Kümmelsamen mitkochen (Pro Portion: etwa 1,30 €).

Zubereitungszeit: 15 Minuten • Garzeit: 35–45 Minuten • 4 Portionen
Pro Portion: E: 26 g, F: 16 g, Kh: 52 g, kJ: 1955, kcal: 469, BE: 4,0

Pro Portion etwa **1,10 €**

Gemüse zum Löffeln

Gemüseeintopf

375 g Möhren • 375 g mehligkochende Kartoffeln • 375 g grüne Bohnen • 250 g Blumenkohl • 250 g Tomaten • 2 Zwiebeln • 50 g Butter oder 4–5 EL Sonnenblumenöl • Salz •
frisch gemahlener Pfeffer • 750 ml (¾ l) heiße Gemüsebrühe • 2 EL gehackte Kräuter,
z. B. Petersilie, Basilikum

1 Möhren putzen, schälen, abspülen und abtropfen lassen. Kartoffeln schälen, abspülen und abtropfen lassen. Beide Zutaten in Würfel schneiden. Von
den Bohnen die Enden abschneiden, evtl. Fäden abziehen. Bohnen abspülen, abtropfen lassen und in Stücke schneiden oder brechen.

2 Von dem Blumenkohl Blätter entfernen, den Strunk abschneiden. Blumenkohl in Röschen teilen, abspülen und abtropfen lassen.

3 Tomaten abspülen, abtropfen lassen, kreuzweise einschneiden, kurz in
kochendes Wasser legen und in kaltem Wasser abschrecken. Tomaten enthäuten, vierteln und die Stängelansätze herausschneiden.

4 Zwiebeln abziehen und würfeln. Butter oder Öl in einem Topf erhitzen.
Zwiebel-, Kartoffelwürfel und Bohnen etwa 5 Minuten unter Rühren dünsten,
mit Salz und Pfeffer würzen. Brühe zufügen, zum Kochen bringen und
zugedeckt etwa 5 Minuten bei mittlerer Hitze kochen.

5 Möhrenwürfel und Blumenkohlröschen zufügen, zugedeckt etwa
15 Minuten mitgaren.

6 Tomatenviertel zum Eintopf geben und noch etwa 2 Minuten miterhitzen.
Den Eintopf mit Salz und Pfeffer abschmecken, mit Kräutern bestreut servieren.

⟳ Für einen Gemüseeintopf mit Fleischklößchen (Pro Portion: etwa
1,55 €) etwa 300 g frische Bratwurstmasse aus der Haut drücken. Formen
Sie die Masse zu kleinen Klößchen und garen Sie diese die letzten 5 Minuten
im Eintopf mit.

Zubereitungszeit: 45 Minuten • Garzeit: etwa 25 Minuten
4 Portionen • Pro Portion: E: 7 g, F: 12 g, Kh: 22 g, kJ: 931, kcal: 222, BE: 1,0

Pro Portion etwa **1,20 €**

Ein Klassiker frisch aufgepeppt

Steckrübensuppe mit Salami

400 g Steckrübe • 200 g Möhren • 1 Zwiebel • 3 Schalotten • 1 EL Butter • 1 l Gemüse-brühe • 150 g Crème fraîche • Salz • frisch gemahlener Pfeffer • 100 g Salami am Stück • 2 EL Butter • ½ Bund Blattpetersilie

1 Steckrübe und Möhren schälen, abspülen, abtropfen lassen und in Würfel schneiden. Zwiebel und Schalotten abziehen, halbieren, in Scheiben schneiden.

2 Butter in einem Topf zerlassen. Die Zwiebelscheiben darin andünsten. Steckrübe und Möhren zugeben, 2 Minuten mit andünsten. Brühe hinzufügen und zum Kochen bringen. Das Gemüse in 20–25 Minuten gar kochen.

3 Gemüse pürieren. Crème fraîche unterrühren. Die Suppe mit Salz und Pfeffer abschmecken.

4 Salami in etwa 1 cm große Würfel schneiden. Butter in einer Pfanne zerlassen. Salamiwürfel und Schalottenscheiben darin anbraten.

5 Petersilie abspülen, trocken tupfen und die Blättchen von den Stängeln zupfen. Blättchen in feine Streifen schneiden. Die Suppe mit Salamiwürfeln, Schalottenscheiben und Petersilie bestreut servieren.

Die Steckrübe ist ein Wintergemüse, das regional wieder an Bedeutung gewinnt. Die Verwendung entspricht der von Möhren. Das Fruchtfleisch ist zart, leicht süßlich und gut verdaulich.

Reichen Sie frisch aufgebackenes Baguette (300 g, etwa 0,70 €) dazu.

Zubereitungszeit: 30 Minuten • Garzeit: 20–25 Minuten
4 Portionen • Pro Portion: E: 9 g, F: 32 g, Kh: 10 g, kJ: 1516, kcal: 364, BE: 0,5

Pro Portion etwa **0,95 €**

Klassisch und doch verwandlungsfähig

Grüne-Bohnen-Eintopf

500 g Rindfleisch zum Kochen (ohne Knochen, mager) • 40 g Margarine oder 4 EL Speise-öl, z. B. Olivenöl • 1 Zwiebel • Salz • frisch gemahlener Pfeffer • 750 ml (¾ l) Gemüsebrü-he • 800 g grüne Bohnen • 500 g Kartoffeln • 2 Stängel Bohnenkraut

1 Rindfleisch mit Küchenpapier trocken tupfen und in etwa 2 cm große Würfel schneiden.

2 Margarine oder Öl in einem Topf erhitzen. Die Fleischwürfel darin unter Rühren leicht anbraten.

3 Zwiebel abziehen und würfeln. Die Zwiebelwürfel in den Topf geben und kurz andünsten.

4 Fleisch mit Salz und Pfeffer würzen, etwa die Hälfte der Brühe hinzugießen und das Fleisch zugedeckt etwa 20 Minuten schmoren.

5 Von den Bohnen die Enden abschneiden. Bohnen evtl. abfädeln, abspülen, abtropfen lassen und in kleine Stücke schneiden oder brechen. Kartoffeln schä-len, abspülen, abtropfen lassen und in Würfel schneiden.

6 Bohnenkraut abspülen und trocken tupfen. Bohnenkraut, Bohnenstücke, Kar-toffelwürfel und die restliche Brühe in den Topf geben. Das Ganze zum Kochen bringen und in weiteren 25 Minuten gar kochen.

7 Den Eintopf mit Salz und Pfeffer abschmecken. Das Bohnenkraut vor dem Servieren entfernen.

Verfeinern Sie den Eintopf zusätzlich mit 250 g enthäuteten, entkernten und gewürfelten Tomaten (Pro Portion: etwa 1,85 €). Oder geben Sie zusätz-lich noch 150 g gewürfelten Schafkäse und 50 g klein gehackte Oliven (Pro Portion: etwa 2,30 €) vor dem Servieren in den Eintopf.

Reichen Sie frisch aufgebackenes Ciabatta-Brot (300 g, etwa 1,- €) dazu.

Zubereitungszeit: 25 Minuten • Garzeit: etwa 45 Minuten
4 Portionen • Pro Portion: E: 33 g, F: 15 g, Kh: 22 g, kJ: 1500, kcal: 357, BE: 2,0

Pro Portion etwa 1,80 €

Beliebt

Tortellini-Salat

500 g frische Tortellini mit Käsefüllung (aus dem Kühlregal) • 250 g Tomaten •
150 g gekochter Schinken (in Scheiben)
Für die Salatsauce: 1 Knoblauchzehe • ½ Bund Schnittlauch • 3–4 EL weißer Balsamico-
Essig • Salz • frisch gemahlener Pfeffer • 1 Prise Zucker • 4–5 EL Olivenöl

1 Tortellini nach Packungsanleitung zubereiten. Dann die Tortellini in ein Sieb
geben, kurz mit kaltem Wasser abspülen, abtropfen und erkalten lassen.

2 Tomaten abspülen, trocken tupfen, vierteln und die Stängelansätze herausschneiden. Tomaten entkernen und Spalten schneiden. Schinken in kleine
Stücke schneiden.

3 Für die Salatsauce Knoblauch abziehen und zerdrücken. Schnittlauch
abspülen und trocken tupfen. Schnittlauch in feine Röllchen schneiden. Essig
mit Knoblauch verrühren, mit Salz, Pfeffer und Zucker würzen. Olivenöl
unterschlagen. Schnittlauch unterrühren.

4 Tortellini, Schinken- und Tomatenwürfel mit der Sauce in einer Schüssel
vorsichtig mischen und etwa 30 Minuten durchziehen lassen. Salat evtl.
nochmals mit Salz und Pfeffer abschmecken.

Der Tortellini-Salat kann als vegetarische Variante auch ohne Schinken
zubereitet werden. Ersetzen Sie dann den Schinken durch 250 g frische,
geputzte, in Scheiben geschnittene Champignons (Pro Portion: etwa 1,05 €).

4 Portionen • Pro Portion: E: 21 g, F: 24 g, Kh: 41 g, kJ: 1932, kcal: 461, BE: 3,0
Zubereitungszeit: 30 Minuten, ohne Durchziehzeit

Pro Portion etwa 1,25 €

Einfach

Wurst-Käse-Salat

250 g Zwiebeln • 250 g Emmentaler-Käse • 350 g Fleischwurst • 75 g Gewürzgurken
Für die Sauce: 2 EL Weißweinessig • 2 EL Wasser • 1 TL mittelscharfer Senf • Salz • frisch
gemahlener Pfeffer • Zucker • 4 EL Sonnenblumenöl • 1 EL Schnittlauchröllchen

1 Zwiebeln abziehen und zunächst in Scheiben schneiden, dann in Ringe teilen. Zwiebelringe in kochendes Wasser geben, etwa 2 Minuten kochen, dann in ein Sieb geben und abtropfen lassen.

2 Emmentaler entrinden und in Streifen schneiden. Fleischwurst enthäuten. Fleischwurst und Gewürzgurken in Scheiben schneiden.

3 Für die Sauce Essig mit Wasser, Senf, Salz, Pfeffer und Zucker verrühren. Öl unterschlagen. Die Salatzutaten mit der Sauce vermengen. Den Salat etwa 1 Stunde durchziehen lassen. Den Salat mit Schnittlauchröllchen bestreut servieren.

Servieren Sie den Wurst-Käse-Salat als kleine Mahlzeit mit Baguette (300 g, etwa 0,80 €) oder in doppelter oder dreifacher Menge zubereitet als Partysalat. Sie können den Salat auch mit Geflügelfleischwurst zubereiten.

Für einen Wurstsalat „Zigeuner Art" (Pro Portion: etwa 1,10 €)
350 g Fleischwurst enthäuten und in Streifen schneiden. 1 Zwiebel abziehen und fein würfeln. 4 Gewürzgurken in Streifen schneiden. Perlzwiebeln aus einem Glas (Abtropfgewicht 185 g) in einem Sieb abtropfen lassen.
4 Tomaten abspülen, abtrocknen, vierteln und die Stängelansätze herausschneiden. Tomaten in Stücke schneiden.
Die vorbereiteten Zutaten in einer Schüssel mischen. 3 Esslöffel Tomatenketchup vorsichtig unterheben. Den Salat mit etwas Gurkenflüssigkeit, Tabasco, Salz, Pfeffer und Paprikapulver edelsüß würzen und zugedeckt kalt gestellt etwas durchziehen lassen.

Zubereitungszeit: 25 Minuten, ohne Durchziehzeit • 4 Portionen
Pro Portion: E: 29 g, F: 48 g, Kh: 4 g, kJ: 2357, kcal: 563, BE: 0,0

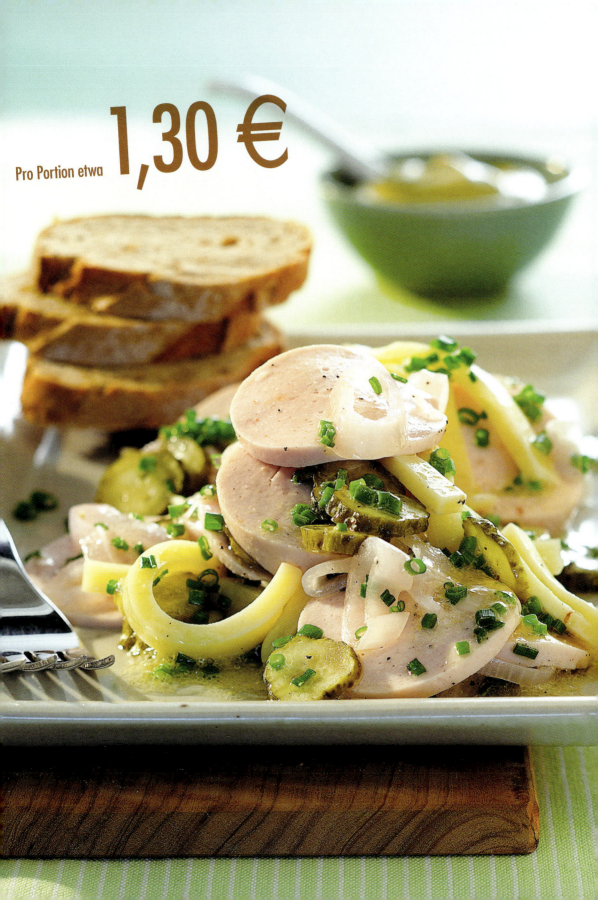
Pro Portion etwa 1,30 €

Pro Portion etwa 0,90 €

Ein Klassiker

Kartoffelsalat

750 g gegarte Pellkartoffeln • 3–4 Gewürzgurken • 400 g fertiger Fleischsalat (aus dem Kühlregal) • etwas Gurkenflüssigkeit • Salz • frisch gemahlener Pfeffer • 1 Prise Zucker • 4 hart gekochte Eier

Zubereitungszeit: 20 Minuten, ohne Durchziehzeit • 4 Portionen
Pro Portion: E: 15 g, F: 41 g, Kh: 32 g, kJ: 2390, kcal: 567, BE: 2,5

1 Kartoffeln pellen, in Würfel schneiden und in eine große Schüssel geben. Gurken abtropfen lassen, in dünne Scheiben schneiden und zu den Kartoffelwürfeln geben. Fleischsalat mit etwas Gurkenflüssigkeit verrühren und untermischen. Salat mit Salz, Pfeffer und Zucker abschmecken.

2 Eier pellen und in Achtel schneiden. Einige Achtel zum Garnieren beiseitelegen, restliche Eierachtel vorsichtig unter den Salat heben. Den Salat im Kühlschrank etwas durchziehen lassen.

3 Den Salat vor dem Servieren evtl. nochmals mit Salz, Pfeffer, Zucker und etwas Gurkenflüssigkeit abschmecken. Salat mit beiseitegelegten Eierachteln garnieren und servieren.

Servieren Sie Wiener Würstchen (1 Glas: 250 g, Pro Portion: etwa 1,15 €) oder 4 gebratene Bratwürstchen (Pro Portion: etwa 1,75 €) dazu.

Gelingt jedem

Tomatensalat

750 g Tomaten
Für die Salatsauce: 1 Zwiebel • 1–2 EL Weißwein- oder Kräuteressig • Salz • frisch gemahlener Pfeffer • 1 Prise Zucker • 2 EL Olivenöl • 5 Stängel Basilikum

1 Tomaten abspülen, abtrocknen, halbieren und die Stängelansätze herausschneiden. Tomaten in Scheiben schneiden und in eine Schüssel geben.

2 Für die Sauce Zwiebel abziehen und fein würfeln. Essig mit Salz, Pfeffer und Zucker verrühren. Olivenöl unterschlagen. Die Sauce mit den Tomatenscheiben mischen. Den Salat kurz durchziehen lassen.

3 Basilikum abspülen, trocken tupfen und die Blättchen von den Stängeln zupfen. Einige Blättchen zum Garnieren beiseitelegen. Die restlichen Blättchen fein schneiden und unter den Salat geben. Den Tomatensalat mit den beiseitegelegten Blättchen garniert servieren.

🍲 Den Salat zusätzlich mit 200 g Feta-Käse (Pro Portion: etwa 0,95 €) oder 125 g Mozzarella-Käse (Pro Portion: etwa 0,85 €) servieren.

Zubereitungszeit: 10 Minuten, ohne Durchziehzeit • 4 Portionen
Pro Portion: E: 2 g, F: 5 g, Kh: 6 g, kJ: 345, kcal: 82, BE: 0,0

Pro Portion etwa **0,70 €**

Zum Vorbereiten

Linsensalat mit Senfdressing

Für den Salat: 500 g getrocknete Tellerlinsen • 1¾ l Gemüsebrühe • 1 Gemüsezwiebel • 1 Bund Suppengrün (Möhre, Porree, Sellerie)
Für das Dressing: 1 geh. EL Salatmayonnaise • 2 geh. EL mittelscharfer Senf • 60 ml Speiseöl, z. B. Sonnenblumenöl • 60 ml Gemüsebrühe • 1 Prise Zucker • Salz • frisch gemahlener Pfeffer • 2 EL Weißweinessig • 1 Kästchen Kresse

1 Für den Salat Linsen abspülen, abtropfen lassen und mit der Brühe in einem Topf zum Kochen bringen. Die Linsen 35–45 Minuten garen (dabei die Packungsanleitung beachten, die Linsen sollten noch etwas Biss haben).

2 In der Zwischenzeit Gemüsezwiebel abziehen und fein würfeln. Suppengrün putzen. Dazu Sellerie schälen. Möhre putzen und schälen. Sellerie und Möhre abspülen und abtropfen lassen. Porree putzen. Die Stange längs halbieren, gründlich waschen und abtropfen lassen. Vorbereitetes Suppengrün in feine Würfel oder Streifen schneiden.

3 Zwiebelwürfel und Gemüse etwa 10 Minuten vor Ende der Garzeit zu den Linsen geben und mitkochen lassen.

4 Linsen und Gemüse in ein Sieb abgießen, dabei die Gemüsebrühe auffangen. Das Linsengemüse unter fließendem kalten Wasser abschrecken und gut abtropfen lassen. Die Zutaten erkalten lassen.

5 Für das Dressing Mayonnaise mit Senf verrühren. Öl nach und nach unterschlagen. Von der aufgefangenen Gemüsebrühe 60 ml abmessen und unterrühren. Das Dressing mit Zucker, Salz, Pfeffer und Essig abschmecken, mit dem Salat vermischen. Salat gut durchziehen lassen und bis zum Verzehr in den Kühlschrank stellen.

6 Kresse abspülen, trocken tupfen und abschneiden. Die Hälfte der Kresse unter den Salat geben. Salat mit der restlichen Kresse garniert servieren.

Wenn Sie mögen, können Sie noch 400 g fein gewürfelte Fleischwurst (Pro Portion: etwa 1,40 €) unter den Salat heben.

Zubereitungszeit: 25 Minuten, ohne Abkühl- und Durchziehzeit • Garzeit: etwa 45 Minuten
4–6 Portionen • Pro Portion: E: 26 g, F: 17 g, Kh: 56 g, kJ: 2030, kcal: 485, BE: 4,0

Pro Portion etwa **1,00 €**

0,60 € Pro Portion etwa

Beliebt

Grüner Salat

400 g grüner Salat, z. B. Kopfsalat, Eisbergsalat, Lollo Bionda
Für die Vinaigrette: 2 EL Weißweinessig • Salz • 5 EL Mineralwasser • 1 TL mittelscharfer Senf • 6 EL Speiseöl, z. B. Sonnenblumenöl • ½ Bund Petersilie oder ½ Bund Schnittlauch • 1 kleine Zwiebel • frisch gemahlener Pfeffer • 1 Prise Zucker

Zubereitungszeit: 15 Minuten • 4 Portionen
Pro Portion: E: 2 g, F: 15 g, Kh: 2 g, kJ: 637, kcal: 152, BE: 0,0

1 Salat putzen und die äußeren, welken Blätter entfernen. Salatblätter vom Strunk zupfen und in reichlich Wasser gründlich waschen, aber nicht drücken. Salat in einem Sieb gut abtropfen lassen oder in einer Salatschleuder trocken schleudern. Die dicken Rippen aus den Salatblättern entfernen und die großen Blätter kleiner zupfen. Die Herzblätter ganz lassen.

2 Für die Vinaigrette Essig mit Salz, Mineralwasser und Senf verrühren. Speiseöl unterschlagen. Kräuter abspülen und trocken tupfen. Petersilienblätter von den Stängeln zupfen. Petersilie hacken. Oder Schnittlauch in Röllchen schneiden. Zwiebel abziehen und fein würfeln.

3 Kräuter und Zwiebelwürfel unter die Vinaigrette rühren, mit Salz, Pfeffer und Zucker würzen. Den Salat mit der Vinaigrette vermengen und servieren.

Frisch schmeckt dazu auch eine Zucker-Zitronen-Sauce. Verrühren Sie dafür den Saft einer Zitrone mit 1 gehäuften Teelöffel Zucker, bis sich der Zucker gelöst hat. Mischen Sie die Sauce mit den Salatblättern und lassen Sie den Salat kurz durchziehen (Pro Portion: etwa 0,50 €).

34 | Salate

Blitzschnell gemacht

Gurkensalat

2 mittelgroße Salatgurken (je 400 g) • 1–2 Dillstängel • 2 EL Weißweinessig • Salz • frisch gemahlener Pfeffer • 1 TL Zucker • 3 EL Speiseöl, z. B. Sonnenblumenöl

1 Gurken schälen und die Enden abschneiden. Gurken in dünne Scheiben schneiden oder hobeln. Dill abspülen und trocken tupfen. Dill in kleine Stängel zupfen und hacken.

2 Essig mit Salz, Pfeffer und Zucker verrühren. Speiseöl unterschlagen. Dill unterrühren. Die Gurkenscheiben in eine Schüssel geben und mit der Sauce gut vermengen. Den Salat etwa 15 Minuten durchziehen lassen. Dann den Salat nochmals mit Salz und Pfeffer abschmecken und servieren.

Für einen **Gurkensalat mit Schmand** (Pro Portion: etwa 0,60 €) die Gurken und den Dill wie unter Punkt 1 beschrieben vorbereiten. Den Dill mit 4 Esslöffeln Schmand oder saurer Sahne verrühren, mit Salz, Pfeffer und Zucker abschmecken. Die Sauce mit den Gurkenscheiben vermengen.

Zubereitungszeit: 15 Minuten, ohne Durchziehzeit • 4 Portionen
Pro Portion: E: 1 g, F: 8 g, Kh: 5 g, kJ: 387, kcal: 92, BE: 0,0

Pro Portion etwa **0,50 €**

Perfekt kombiniert

Käse-Tunfisch-Salat

2 Dosen Tunfisch naturell (Abtropfgewicht je 175 g) • 6 hart gekochte Eier • 300 g Gouda-Käse • 1 rote Paprikaschote • 1 Zwiebel • 4 Gewürzgurken • Salz • frisch gemahlener Pfeffer • ½ gestr. TL Zucker • 3 EL Salatmayonnaise • 150 g Joghurt • 3 Stängel Basilikum

1 Tunfisch in einem Sieb abtropfen lassen, etwas zerpflücken. Eier pellen und in Scheiben schneiden. Käse in Würfel schneiden.

2 Paprikaschote halbieren, entstielen, entkernen und die weißen Scheidewände entfernen. Schote abspülen, abtropfen lassen und in Würfel schneiden. Zwiebel abziehen. Zwiebel und Gewürzgurken fein würfeln.

3 Alle Zutaten miteinander vermischen, mit Salz, Pfeffer und Zucker abschmecken. Mayonnaise mit Joghurt verrühren und unterheben. Den Salat zugedeckt im Kühlschrank gut durchziehen lassen.

4 Basilikum abspülen, trocken tupfen und die Blättchen von den Stängeln zupfen. Blättchen fein schneiden und unter den Salat geben. Vor dem Servieren den Salat nochmals abschmecken.

Richten Sie den Salat portionweise auf Friséesalatblättern an. Statt der Gewürzgurken können auch 4 Tomaten, in Scheiben geschnitten, genommen werden (Pro Portion: etwa 1,30 €).
Optisch macht dieser Salat noch mehr her, wenn Sie die Salatzutaten in eine durchsichtige Schüssel schichten. Dann die Mayonnaise-Joghurt-Mischung zum Schluss darauf verteilen.

Zubereitungszeit: 40 Minuten, ohne Durchziehzeit
6 Portionen • Pro Portion: E: 34 g, F: 35 g, Kh: 5 g, kJ: 1991, kcal: 476, BE: 0,5

Pro Portion etwa **1,15 €**

Schnell gemacht

Pikant-fruchtiger Eisbergsalat

Für den Salat: 1 kleiner Kopf Eisbergsalat (etwa 400 g) • 1 Dose Mandarinen (Abtropfgewicht 175 g) • 1 Dose Ananasringe oder -stücke (Abtropfgewicht 340 g) • 250 g blaue Weintrauben
Für die Sauce: 100 g Schlagsahne • 150 g Joghurt • etwas Zucker • Salz • frisch gemahlener Pfeffer • etwas Currypulver • etwas Zitronensaft

1 Für den Salat Eisbergsalat putzen, vierteln, abspülen und gut abtropfen lassen. Salat in Streifen schneiden.

2 Mandarinen und Ananas in ein Sieb geben und abtropfen lassen. Ananasscheiben in kleine Stücke schneiden. Weintrauben waschen, abtrocknen, halbieren und entkernen. Die Salatzutaten in eine Schüssel geben.

3 Für die Sauce Sahne mit Joghurt verrühren und mit Zucker, Salz, Pfeffer und Currypulver würzen. Die Sauce mit Zitronensaft abschmecken und vorsichtig mit den Salatzutaten mischen. Den Salat sofort servieren.

Heben Sie nach Belieben zusätzlich 100 g gewürfelten Blauschimmelkäse (Pro Portion: etwa 1,30 €) oder 50 g gehackte Walnusskerne (Pro Portion: etwa 1,- €) unter.

Für einen Eisberg-Camembert-Salat (Pro Portion: etwa 1,35 €) 2 Esslöffel gehackte Haselnusskerne in einer Pfanne ohne Fett hell-braun rösten, herausnehmen und erkalten lassen. Für ein Dressing 150 g Joghurt mit 2 Esslöffeln Zitronensaft und 1–2 Esslöffeln Senf verrühren.
1–2 Esslöffel Sonnenblumenöl unterschlagen. Das Dressing mit Salz, Pfeffer und Zucker abschmecken. 1 Kopf Eisbergsalat putzen, vierteln, abspülen und gut abtropfen lassen. Salat in mundgerechte Stücke schneiden.
2 Möhren putzen, schälen, abspülen, abtropfen lassen und in feine Streifen schneiden oder grob raspeln. 250 g Camembert in Scheiben oder Stücke schneiden. Eisbergsalat mit Möhren und Käse vorsichtig vermischen. Das Dressing daraufgeben. Den Salat mit Nüssen und 1–2 Esslöffeln Kresse oder gehackter Petersilie bestreut servieren.

Zubereitungszeit: 20 Minuten • 4 Portionen

Pro Portion: E: 4 g, F: 10 g, Kh: 39 g, kJ: 1135, kcal: 271, BE: 3,0

Pro Portion etwa 0,85 €

Gut vorzubereiten

Spaghetti-Salat

3 l Wasser • 3 TL Salz • 300 g Spaghetti • 100 g getrocknete Tomaten, in Öl eingelegt •
1 Glas schwarze Oliven (ohne Stein, Abtropfgewicht 85 g) • 1 Knoblauchzehe •
1 EL Tomatenmark • etwa 8 Stängel Basilikum • 3 EL Olivenöl • Salz •
frisch gemahlener Pfeffer • 60 g frisch gehobelter Parmesan-Käse

1 Wasser in einem großen Topf zugedeckt zum Kochen bringen. Salz und Spaghetti zugeben. Die Spaghetti nach Packungsanleitung im geöffneten Topf bei mittlerer Hitze bissfest kochen, dabei gelegentlich umrühren.

2 Anschließend die Nudeln in ein Sieb geben, mit kaltem Wasser abspülen, abtropfen und erkalten lassen.

3 Tomaten in einem Sieb abtropfen lassen und in feine Streifen schneiden. Oliven halbieren. Knoblauch abziehen und fein hacken.

4 Knoblauch mit Tomatenstreifen, Oliven und Tomatenmark gut vermischen und die Spaghetti unterheben.

5 Basilikum abspülen und trocken tupfen. Blättchen von den Stängeln zupfen, fein schneiden, mit Olivenöl vermischen und mit Salz und Pfeffer würzen.

6 Basilikummischung unter die Spaghetti geben. Den Salat mit Parmesan bestreuen und servieren.

Zusätzlich können Sie noch abgetropften, etwas zerpflückten Tunfisch aus der Dose (Abtropfgewicht 175 g, Pro Portion: etwa 1,30 €) unter den Salat geben. Auch 200 g in Streifen geschnittener, gekochter Schinken (Pro Portion: etwa 1,35 €) schmeckt sehr gut in diesem Salat. Wer keine Oliven mag, kann sie durch eine gewürfelte, gelbe Paprikaschote ersetzen.

Zubereitungszeit: 25 Minuten, ohne Abkühlzeit

4 Portionen • Pro Portion: E: 17 g, F: 23 g, Kh: 61 g, kJ: 2200, kcal: 526, BE: 5,0

40 | Salate

Pro Portion etwa **1,05 €**

Pro Portion etwa **0,45 €**

Nicht nur bei Kindern beliebt

Möhren-Apfel-Salat

Für die Sauce: 1–2 EL Zitronensaft • Salz • Zucker • 1–2 EL Sonnenblumenöl
Für den Salat: 500 g Möhren • 250 g Äpfel

Zubereitungszeit: 20 Minuten, ohne Durchziehzeit • 4 Portionen
Pro Portion: E: 1 g, F: 4 g, Kh: 11 g, kJ: 371, kcal: 89, BE: 0,5

1 Für die Sauce Zitronensaft mit Salz und Zucker verrühren, Sonnenblumenöl unterschlagen. Möhren putzen, schälen, abspülen und abtropfen lassen. Äpfel schälen, vierteln und entkernen.

2 Möhren und Apfelviertel auf einer Haushaltsreibe raspeln und in eine Schüssel geben. Die Sauce zu den Möhren- und Apfelraspeln geben und untermengen. Den Salat mit Salz und Zucker abschmecken, vor dem Servieren kurz durchziehen lassen.

Für einen *Möhren-Orangen-Salat* (Pro Portion: etwa 0,65 €) 500 g Möhren putzen, schälen, abspülen und abtropfen lassen. Die Möhren auf einer Haushaltsreibe raspeln. 3 Orangen so schälen, dass die weiße Haut mit entfernt wird. Die Orangenfilets über einer Schüssel herausschneiden, dabei den Saft auffangen. Möhrenraspel mit den Orangenfilets und dem aufgefangenen Saft vermischen. 1 Esslöffel Sonnenblumenöl, 1 Esslöffel flüssigen Honig und 1 Esslöffel Zitronensaft verrühren und unter den Salat mischen. Den Salat zusätzlich mit 50 g gehackten Nusskernen bestreuen.

Kalorienarm

Apfel-Sellerie-Rohkost

Für die Marinade: Saft von 2 Zitronen • 2 EL flüssiger Honig • Salz
Für den Salat: 4 Äpfel (etwa 600 g) • 800 g Knollensellerie • 100 g Kasseler-Aufschnitt oder geräucherter Putenbrustaufschnitt • 250 g fettarmer Naturjoghurt (1,5 % Fett) • 60 g gehackte Walnusskerne

1 Für die Marinade Zitronensaft mit Honig verschlagen, mit Salz abschmecken.

2 Für den Salat Äpfel abspülen, abtrocknen, vierteln und entkernen. Sellerie putzen, schälen, abspülen und gut abtropfen lassen. Äpfel und Sellerie grob raspeln und unter die Marinade rühren.

3 Kasseler-Aufschnitt oder Putenbrustaufschnitt in feine Streifen schneiden. Joghurt glatt rühren und unter die Apfel-Sellerie-Mischung rühren.

4 Apfel-Sellerie-Rohkost mit Aufschnittstreifen und Walnusskernen servieren.

Zubereitungszeit: 20 Minuten • 4 Portionen
Pro Portion: E: 13 g, F: 12 g, Kh: 31 g, kJ: 1247, kcal: 298, BE: 2,5

Pro Portion etwa 1,30 €

Einfach

Bauarbeiterbrötchen

½ Bund Radieschen • 50 g Salat (z. B. Eisbergsalat, Rucola) • 8 Scheiben Frühstücksspeck (Bacon, etwa 10 g) • 20 g Margarine • 4 Eier (Größe M) • Salz • 4 Brötchen • 50 g Butter • frisch gemahlener Pfeffer

1 Radieschen putzen, abspülen, abtropfen lassen und in dünne Scheiben schneiden. Salat putzen, abspülen, trocken tupfen oder schleudern und in Streifen schneiden.

2 Frühstücksspeck in einer Pfanne (Ø 28 cm) ohne Fett knusprig braten und herausnehmen.

3 Margarine in der Pfanne zerlassen. Die Eier vorsichtig aufschlagen und nebeneinander in das Fett gleiten lassen.

4 Eiweiß mit Salz bestreuen. Die Eier etwa 5 Minuten bei mittlerer Hitze braten, bis das Eiweiß fest ist. Dann die Eier wenden und weitere etwa 2 Minuten braten.

5 Brötchen halbieren und mit Butter bestreichen. Die unteren Hälften mit Radieschenscheiben, Salatstreifen, Spiegeleiern und knusprigem Frühstücksspeck belegen, mit etwas frisch gemahlenem Pfeffer bestreuen. Die oberen Brötchenhälften darauflegen.

Der Eier-Frische-Test: Machen Sie die Aufschlagprobe mit einem auf einem Teller aufgeschlagenen Ei.
Das Eiweiß eines frischen Eies umschließt das Eigelb fest, das Eigelb ist kugelig.
Das Eiweiß eines etwa 7 Tage alten Eies beginnt zu fließen, es steht nicht mehr so fest.
Das Eiweiß eines etwa 3 Wochen alten Eies ist wässrig, das Eigelb ist flach.

Zubereitungszeit 10 Minuten • Garzeit: etwa 7 Minuten

4 Stück • Pro Stück: E: 17 g, F: 24 g, Kh: 32 g, kJ: 1711, kcal: 409, BE: 2,5

Pro Portion etwa **1,55 €**

Einfacher gemacht als gedacht

Zucchini-Porree-Tarte

150 g Porree (Lauch) • 450 g Zucchini • 70 g mittelalter Gouda-Käse • 100 ml Olivenöl • 2 EL Senfkörner • frisch gemahlener Pfeffer • 120 g Weizenmehl • 30 g Hartweizengrieß • 3 gestr. TL Dr. Oetker Backin • 1 gestr. TL Salz • 50 ml Buttermilch • 2 Eier (Größe M)

1 Porree putzen, der Länge nach durchschneiden, waschen, abtropfen lassen und quer in 1 cm breite Streifen schneiden. Zucchini abspülen, trocken tupfen und die Enden abschneiden. Zucchini zuerst der Länge nach in ½ cm dicke Scheiben, dann quer in dünne Streifen schneiden. Käse auf der Haushaltsreibe reiben.

2 2 Esslöffel Olivenöl in einem kleinen Topf erhitzen. Porreestreifen darin zugedeckt etwa 3 Minuten dünsten. Zucchinistreifen und Senfkörner hinzufügen und kurz miterhitzen. Den Topf von der Kochstelle nehmen. Die Gemüsemasse abkühlen lassen, bis sie lauwarm ist, mit Pfeffer würzen.

3 Den Backofen vorheizen.
Ober-/Unterhitze: etwa 180 °C
Heißluft: etwa 160 °C

4 Für den Teig Mehl, Grieß, Backpulver und Salz in eine Rührschüssel geben und mit einem Schneebesen verrühren. Buttermilch, Eier und restliches Olivenöl dazugeben und mit Handrührgerät mit Rührbesen unterrühren. Jeweils drei Viertel der Gemüsemasse und des geriebenen Käses unter den Teig rühren.

5 Den Teig in eine Tarteform (Ø 26–28 cm, gefettet, mit Semmelbröseln ausgestreut) füllen und glatt streichen. Restliches Gemüse darauf verteilen, mit dem restlichen Käse bestreuen. Die Form auf dem Rost auf mittlerer Einschubleiste in den Backofen schieben. Die Tarte **35–40 Minuten backen.**

6 Die Form auf einen Kuchenrost stellen. Die Tarte in der Form erkalten lassen. Zum Servieren die Tarte in Stücke schneiden.

Zubereitungszeit: 30 Minuten, ohne Abkühlzeit • Backzeit: 35–40 Minuten
4 Portionen • Pro Portion: E: 15 g, F: 39 g, Kh: 35 g, kJ: 2286, kal: 546, BE: 2,5

Pro Portion etwa 0,90 €

Dauert länger – aber lecker

Gefüllte Kräuterkartoffeln

8 vorwiegend festkochende Kartoffeln (je etwa 150 g) • 1 TL Salz • 250 g Kartoffeln (normale Größe) • ½ TL Salz • 2 Zwiebeln • 1 Bund Petersilie • 1 Bund Majoran • 1 Bund Thymian • 2 Zweige Rosmarin • 2 EL Olivenöl • 200 ml Milch • 60 g Butter • Salz • frisch geriebene Muskatnuss • 2 Eier • 100 g getrocknete Tomaten, in Öl eingelegt

1 Kartoffeln unter fließendem kalten Wasser abbürsten und abtropfen lassen. Kartoffeln in einen großen Topf geben und so viel Wasser hinzufügen, dass die Kartoffeln knapp bedeckt sind. Kartoffeln zugedeckt zum Kochen bringen. Salz hinzugeben.

2 Kartoffeln zugedeckt in 20–25 Minuten, je nach Größe der Kartoffeln, gar kochen. Kartoffeln abgießen, mit kaltem Wasser abschrecken und nochmals abgießen. Kartoffeln etwas abkühlen lassen.

3 Gleichzeitig restliche Kartoffeln schälen, abspülen, abtropfen lassen, würfeln und mit Wasser bedeckt zum Kochen bringen. Salz hinzugeben. Die Kartoffelwürfel etwa 20 Minuten garen, dann abgießen, abdämpfen und sofort durch eine Kartoffelpresse drücken oder zerstampfen.

4 Von den ganzen Kartoffeln einen länglichen Deckel abschneiden. Die Kartoffeln mit einem Teelöffel so aushöhlen, dass ein etwa ½ cm breiter Rand stehen bleibt.

5 Die abgeschnittenen Kartoffeldeckel pellen und mit dem ausgehöhlten Kartoffelfleisch ebenfalls durch eine Kartoffelpresse drücken oder fein zerstampfen, mit dem restlichen Kartoffelpüree vermengen.

6 Den Backofen vorheizen.
Ober-/Unterhitze: etwa 200 °C
Heißluft: etwa 180 °C

7 Zwiebeln abziehen und in feine Würfel schneiden. Kräuter abspülen, trocken tupfen. Die Blättchen oder Nadeln von den Stängeln und Zweigen zupfen und fein hacken.

Zubereitungszeit: 35 Minuten • Garzeit: 35–40 Minuten
4 Portionen • Pro Portion: E: 15 g, F: 25 g, Kh: 63 g, kJ: 2284, kcal: 545, BE: 5,0

48 | Snacks und Kleinigkeiten

Pro Portion etwa **1,65 €**

8 Olivenöl in einer Pfanne erhitzen. Zwiebelwürfel darin andünsten. Kräuter unterrühren. Die Pfanne von der Kochstelle nehmen.

9 Milch erwärmen. Butter zerlassen. Kartoffelpüree mit Milch, Butter und den Kräutern vermengen, mit Salz und Muskat würzen. Die ausgehöhlten Kartoffeln mithilfe eines Teelöffels mit dem Kartoffelpüree füllen und auf ein Backblech (mit Backpapier belegt) legen.

10 Die Eier verschlagen. Die Kartoffel-Kräuter-Füllung damit bestreichen. Das Backblech auf mittlerer Einschubleiste in den vorgeheizten Backofen schieben. Die Kartoffeln **etwa 15 Minuten garen.**

11 Die getrockneten Tomaten abtropfen lassen und in feine Streifen schneiden. Die Kräuterkartoffeln mit Tomatenstreifen belegen und servieren.

Richten Sie die Kräuterkartoffeln mit kleinen Kräuterstängeln nett an. Die Kräuterkartoffeln eignen sich sehr gut als Beilage zur Grillparty. Sie können die Kartoffeln bis einschließlich Punkt 9 vorbereiten und zugedeckt kalt stellen. Dann die vorbereiteten Kartoffeln mit dem verschlagenem Ei bestreichen und im vorgeheizten Backofen (bei Ober-/Unterhitze: etwa 180 °C, Heißluft: etwa 160 °C) etwa 40 Minuten garen.

Die mögen auch Kinder

Kartoffel-Schinken-Tortilla

500 g festkochende Kartoffeln • Salz • 125 g gekochter Schinken • 125 g roher Schinken • 6 Eier (Größe M) • 6 EL Milch • frisch gemahlener Pfeffer • Paprikapulver edelsüß • 1 Knoblauchzehe • ½ Bund glatte Petersilie • 5 EL Sonnenblumenöl

1 Die Kartoffeln gründlich waschen und mit Wasser bedeckt zum Kochen bringen. Salz zugeben und die Kartoffeln in 20–25 Minuten gar kochen. Die Kartoffeln abgießen, mit kaltem Wasser abschrecken, kurz abkühlen lassen. Kartoffeln pellen, in Scheiben schneiden und erkalten lassen.

2 Beide Schinkensorten in Würfel schneiden. Eier mit Milch verschlagen, mit Salz, Pfeffer und Paprikapulver würzen. Knoblauch abziehen, fein hacken und unterrühren. Petersilie abspülen und trocken tupfen. Die Blättchen von den Stängeln zupfen. Blättchen grob hacken.

3 Den Backofen vorheizen.
Ober-/Unterhitze: etwa 180 °C
Heißluft: etwa 160 °C

4 Öl portionsweise in einer großen Pfanne erhitzen. Die Kartoffelscheiben portionsweise darin anbraten. Kartoffeln mit Salz und Pfeffer würzen. Etwa die Hälfte der Petersilie und der Schinkenwürfel unterrühren.

5 Die angebratenen Kartoffeln in einer Tarteform (gefettet, Ø etwa 28 cm) verteilen. Die Eiermasse daraufgießen. Die restlichen Schinkenwürfel daraufstreuen. Die Form auf dem Rost auf mittlerer Einschubleiste in den vorgeheizten Backofen schieben. Die Tortilla **etwa 25 Minuten garen,** bis die Masse gestockt ist.

6 Die Tortilla vor dem Servieren mit der restlichen Petersilie bestreuen.

🍲 Die Kartoffeln lassen sich gut am Vortag vorbereiten (siehe Punkt 1). Stellen Sie die Kartoffelscheiben dann zugedeckt bis zur Weiterverarbeitung in den Kühlschrank.
Wenn Sie keine Tarteform zur Verfügung haben, können Sie die Tortilla auch in einer großen Auflaufform zubereiten.

Zubereitungszeit: 25 Minuten, ohne Abkühlzeit • Garzeit: 45–50 Minuten
4 Portionen • Pro Portion: E: 26 g, F: 26 g, Kh: 19 g, kJ: 1742, kcal: 416, BE: 1,5

Pro Portion etwa **1,55 €**

Eier mal anders

Pro Portion etwa **0,55 €**

Pochierte Eier

1 l Wasser • 3 EL Essig, z. B. Weißweinessig • 8 Eier (Größe M) • evtl. 1 EL gehackte
Kräuter, z. B. Schnittlauch, Petersilie oder Kerbel

1 Wasser mit Essig in einem Topf zum Kochen bringen. Eier einzeln in
einer Kelle aufschlagen, vorsichtig in das siedende (nicht sprudelnd
kochende) Wasser gleiten lassen. Eiweiß sofort mit 2 Esslöffeln an das Eigelb schieben. Die Eier bei schwacher Hitze 3–4 Minuten ohne Deckel gar
ziehen lassen (maximal 4 Eier auf einmal garen).

2 Die gegarten Eier mit einem Schaumlöffel herausnehmen, kurz in kaltes
Wasser tauchen, abtropfen lassen und die Ränder glatt schneiden. Eier auf
Tellern anrichten und nach Belieben mit gehackten Kräutern bestreuen.

Pochierte Eier (Verlorene Eier) als Einlage für Suppen reichen oder zu
Bratkartoffeln (siehe Seite 79) servieren. Verwenden Sie möglichst frische
Eier. Das Eiweiß zieht sich dann besser, um das Eigelb herum, zusammen.

Pochierte Eier mit gemischtem Salat (Foto). Dazu von je ½ Kopf Lollo
Rossa und Bionda die äußeren welken Blätter entfernen. Den Salat waschen,
trocken tupfen oder schleudern, in mundgerechte Stücke zupfen.
250 g Cocktailtomaten abspülen, abtrocknen und vierteln. 250 g Salatgurke
abspülen, abtrocknen und die Enden abschneiden. Die Gurke in Scheiben
schneiden. 200 g dünne Bundmöhren putzen, schälen, abspülen, abtropfen
lassen, in dünne Scheiben schneiden oder hobeln. 1 Zwiebel abziehen
und würfeln. Die vorbereiteten Salatzutaten in einer Schüssel vermengen.
2–3 Esslöffel Kräuter-Essig mit Salz, Pfeffer und 1 Teelöffel flüssigem Honig
verrühren, 5 Esslöffel Olivenöl unterschlagen. Sauce mit den Salatzutaten
vermengen, auf 4 Teller verteilen und mit je 2 Eiern auf gerösteten
Ciabatta-Scheiben anrichten. Eier und Salat mit Dill garnieren.

Pochierte Eier auf geröstetem Brot (Pro Portion: etwa 1,05 €). Dazu
4 Scheiben Sandwichbrot toasten. Die heißen Brotscheiben dünn mit je
½ Teelöffel Pesto bestreichen und mit je 2 Tomatenscheiben belegen. Die Eier
wie im Rezept beschrieben pochieren (aber nicht abschrecken), sofort auf die
Tomatenscheiben legen, mit etwa 25 g geriebenem Parmesan-Käse und Pfeffer
bestreuen, sofort servieren.

Zubereitungszeit: 10 Minuten • Ziehzeit: 3–4 Minuten

8 Stück • Pro Stück: E: 7 g, F: 6 g, Kh: 1 g, kJ: 355, kcal: 85, BE: 0,0

52 | Snacks und Kleinigkeiten

Pro Portion etwa **1,25 €**

Vegetarisches zum Grillen

Kartoffel-Feta-Puffer vom Grill

750 g mehligkochende Kartoffeln • 1 TL Salz • 2 mittelgroße Möhren • 250 g Fetakäse • 3 Frühlingszwiebeln • 2 Stängel Dill • 2 Eier (Größe M) • Saft und abgeriebene Schale von ½ Bio-Zitrone (unbehandelt, ungewachst) • Salz • frisch gemahlener Pfeffer • 2 EL Weizenmehl • 6 EL Semmelbrösel
Außerdem: extrastarke Alufolie • Olivenöl

1 Kartoffeln schälen und abspülen. Kartoffeln knapp mit Wasser bedeckt zum Kochen bringen. Salz hinzugeben. Kartoffeln zugedeckt in etwa 25 Minuten gar kochen. Kartoffeln abgießen, sofort durch eine Kartoffelpresse drücken oder mit einem Kartoffelstampfer zerstampfen und in eine Schüssel geben, etwas abkühlen lassen.

2 Möhren putzen, schälen, abspülen und abtropfen lassen. Möhren grob raspeln. Fetakäse in Stücke schneiden und mit einer Gabel zerdrücken.

3 Frühlingszwiebeln putzen, abspülen, abtropfen lassen und in feine Ringe schneiden. Dill abspülen, trocken tupfen und die Spitzen von den Stängeln zupfen. Spitzen fein hacken.

4 Möhrenraspel, Feta-Käse, Frühlingszwiebelringe, Dill, Eier, etwas Zitronensaft und -schale zu den zerstampften Kartoffeln geben. Die Zutaten gut vermengen. Kartoffel-Gemüse-Masse mit Salz und Pfeffer abschmecken.

5 Mehl und Semmelbrösel in einer flachen Schale vermischen. Aus der Kartoffel-Gemüse-Masse etwa 2 cm dicke Puffer formen und diese in der Mehl-Semmelbrösel-Mischung wenden. Panade gut andrücken.

6 Für den Grill ein etwa 20 x 30 cm großes Stück Alufolie bereitlegen. Die Ränder der Folie etwas hochfalten, sodass eine Schale entsteht. Die Folienschale gut mit Öl ausstreichen und auf den heißen Grill legen. Die Puffer darin von jeder Seite in **3–4 Minuten knusprig grillen.** Puffer heiß servieren.

Lecker dazu ist der grüne Salat von Seite 34.

Zubereitungszeit: 20 Minuten, ohne Abkühlzeit • Garzeit: etwa 25 Minuten • Grillzeit: etwa 8 Minuten
10 Stück • Pro Stück: E: 8 g, F: 7 g, Kh: 19 g, kJ: 751, kcal: 179, BE: 1,5

Pro Stück etwa 0,40 €

Einfach

Fladenbrot-Pizza

1 Fladenbrot • 4 Tomaten • 1 Bund Frühlingszwiebeln • 200 g Fetakäse oder Schafskäse •
50 g schwarze Oliven • 250 g Thüringer Mett (gewürztes Schweinegehacktes) •
100 g Tsatsiki • etwas gerebelter Oregano
Nach Belieben: einige Kräuterblättchen zum Garnieren

1 Das Fladenbrot auf ein Backblech (mit Backpapier belegt) legen.
Den Backofen vorheizen.
Ober-/Unterhitze: etwa 180 °C
Heißluft: etwa 160 °C

2 Tomaten abspülen, abtrocknen, halbieren und die Stängelansätze herausschneiden. Tomaten in dünne Scheiben schneiden. Frühlingszwiebeln putzen,
abspülen, abtropfen lassen und in Scheiben schneiden.

3 Feta- oder Schafskäse abtropfen lassen und fein würfeln. Oliven entsteinen,
in Stücke schneiden und mit den Käsewürfeln vermengen.

4 Mett gleichmäßig dünn auf dem Fladenbrot verteilen. Tsatsiki in Klecksen
darauf verteilen. Tomaten- und Frühlingszwiebelscheiben daraufgeben und
mit Oregano bestreuen.

5 Die Oliven-Käse-Mischung daraufstreuen. Das Backblech auf mittlerer
Einschubleiste in den vorgeheizten Backofen schieben und die Fladenbrot-Pizza
etwa 25 Minuten backen.

6 Zum Servieren die Fladenbrot-Pizza nach Belieben mit Kräuterblättchen
bestreuen und in Stücke schneiden.

Servieren Sie einen Tomatensalat (siehe Seite 31) dazu.

Für eine Fladenbrot-Pizza mit Hähnchenstreifen (Pro Portion: etwa
1,75 €) statt des Thüringer Metts 250 g Hähnchenbrustfilet unter fließendem
kalten Wasser abspülen, trocken tupfen. Hähnchenbrust in dünne Streifen
schneiden und unter Rühren in 2 Esslöffeln erhitztem Olivenöl anbraten.
Hähnchenstreifen mit Salz, Pfeffer und Paprikapulver edelsüß würzen, abkühlen lassen und statt des Metts auf dem Fladenbrot verteilen. Das Fladenbrot
wie im Rezept beschrieben mit den übrigen Zutaten belegen und wie im
Rezept angegeben backen.

Zubereitungszeit: 20 Minuten • Backzeit: etwa 25 Minuten
4 Portionen • Pro Portion: E: 31 g, F: 31 g, Kh: 67 g, kJ: 2805, kcal: 670, BE: 5,0

Pro Portion etwa 1,55 €

Etwas Besonderes

Geflügelauflauf mit Camembert-Haube

750 g vorwiegend festkochende Kartoffeln • 2 Stangen Porree (Lauch, etwa 600 g) • 250 ml (¼ l) Gemüsebrühe • 200 g Schlagsahne • Salz • frisch gemahlener Pfeffer • 1 Lorbeerblatt • 600 g Hähnchenbrustfilet • 2 EL Sonnenblumenöl • 200 g Camembert (mind. 45 % Fett)

1 Kartoffeln schälen, abspülen, abtropfen lassen und in nicht zu dünne Scheiben schneiden. Porree putzen, längs halbieren, gründlich waschen, abtropfen lassen und in Streifen schneiden. Brühe mit Sahne, Salz, Pfeffer und Lorbeerblatt in einem Topf aufkochen lassen.

2 Kartoffeln dazugeben und zugedeckt bei schwacher Hitze etwa 5 Minuten köcheln lassen. Porree dazugeben, vorsichtig untermischen und alles weitere 5 Minuten köcheln lassen.

3 Den Backofen vorheizen.
Ober-/Unterhitze: etwa 200 °C
Heißluft: etwa 180 °C

4 Hähnchenfilets unter fließendem kalten Wasser abspülen, trocken tupfen und mit Salz und Pfeffer einreiben. Öl in einer Pfanne erhitzen. Die Filets darin unter Wenden etwa 10 Minuten braten.

5 Sahne-Lauch-Kartoffeln in eine große Auflaufform (gefettet) geben. Filets daraufsetzen. Käse in Scheiben schneiden oder würfeln und auf den Zutaten verteilen. Die Form auf dem Rost auf mittlerer Einschubleiste in den vorgeheizten Backofen schieben. Den Auflauf **10–12 Minuten garen.**

Etwa 150 g Preiselbeeren aus dem Glas (etwa 1,- €) zum Auflauf servieren oder vor dem Servieren in Häufchen auf dem Auflauf verteilen.

Zubereitungszeit: 40 Minuten • Garzeit: 10–12 Minuten

4 Portionen • Pro Portion: E: 52 g, F: 31 g, Kh: 27 g, kJ: 2548, kcal: 609, BE: 2,0

58 | Aufläufe und Gratins

Pro Portion etwa 1,80 €

Frische trifft Vorrat

Farfalle-Gratin mit Spinat

300 g TK-Blattspinat • 2½ l Wasser • 2½ gestr. TL Salz • 250 g Farfalle (Schmetterlings-nudeln) • 200 g gekochter Schinken • 2 Fleischtomaten • Salz • frisch gemahlener Pfeffer • frisch geriebene Muskatnuss • 250 g Schlagsahne • 50 g geriebener Käse, z. B. Gouda

1 Spinat nach Packungsanleitung auftauen.

2 Wasser in einem großen Topf zugedeckt zum Kochen bringen. Dann Salz und Nudeln hinzugeben. Die Nudeln im geöffneten Topf bei mittlerer Hitze nach Packungsanleitung kochen lassen, dabei gelegentlich umrühren.

3 Anschließend die Nudeln in ein Sieb geben, mit heißem Wasser ab-spülen und abtropfen lassen.

4 Den Backofen vorheizen.
Ober-/Unterhitze: etwa 200 °C
Heißluft: etwa 180 °C

5 Schinken in Streifen schneiden. Tomaten abspülen, abtropfen lassen, kreuzweise einschneiden, kurz in kochendes Wasser legen und in kaltem Wasser abschrecken. Tomaten enthäuten, halbieren, entkernen und die Stängelansätze herausschneiden. Tomatenhälften in Würfel schneiden.

6 Spinat mit Nudeln, Schinkenstreifen und Tomatenwürfeln vermengen und in eine große Gratinform (gefettet) oder in 4 kleine Gratinförmchen (gefettet) geben. Das Ganze mit Salz, Pfeffer und Muskat würzen. Sahne darauf verteilen und Käse daraufstreuen.

7 Die Form oder Förmchen auf dem Rost auf mittlerer Einschubleiste in den vorgeheizten Backofen schieben. Gratin **etwa 25 Minuten garen.**

Beim Kauf von TK-Gemüse erweisen sich die großen Packungen meist als preisgünstiger. Aus den großen Packungen die Menge entnehmen, die man zum Kochen braucht. Die angebrochene Packung wieder gut verschlie-ßen und zurück in den Gefrierschrank legen.

4 Portionen • Pro Portion: E: 26 g, F: 27 g, Kh: 48 g, kJ: 2325, kcal: 556, BE: 4,0
Zubereitungszeit: 35 Minuten • Garzeit: etwa 25 Minuten

60 | Aufläufe und Gratins

Pro Portion etwa **1,45 €**

Gelingt jedem

Ravioli-Käse-Auflauf

2 Dosen Ravioli in Tomatensauce (je 800 g) • 1 Bund Frühlingszwiebeln • 20 g Speisestärke • 200 g geriebener Emmentaler-Käse

1 Den Backofen vorheizen.
Ober-/Unterhitze: etwa 200 °C
Heißluft: etwa 180 °C

2 Ravioli in einem Sieb abtropfen lassen, dabei die Tomatensauce auffangen.
Frühlingszwiebeln putzen, abspülen, abtropfen lassen und in Scheiben
schneiden.

3 Speisestärke unter die Tomatensauce rühren. Dabei darauf achten, dass
keine Klümpchen entstehen. Die Hälfte des Käses und zwei Drittel der Frühlingszwiebelscheiben unterrühren.

4 Ravioli in einer Auflaufform (gefettet, etwa 20 x 30 cm, Inhalt etwa 2,5 l)
verteilen. Angerührte Tomatensauce gleichmäßig daraufgießen und restlichen
Käse daraufstreuen. Die Form auf dem Rost auf mittlerer Einschubleiste in den
vorgeheizten Backofen schieben. Den Ravioli-Käse-Auflauf **etwa 40 Minuten garen.**

5 Den Auflauf aus dem Backofen nehmen, etwas abkühlen lassen und
servieren.

Statt der Dosen-Ravioli können Sie frische Käse-Tortellini (1 kg) aus dem
Kühlregal verwenden, und 600 ml Tomatensauce mit Kräutern, wie im Rezept
beschrieben mitverarbeiten (Pro Portion: etwa 1,90 €).

4 Portionen • Pro Portion: E: 23 g, F: 22 g, Kh: 70 g, kJ: 2412, kcal: 573, BE: 5,5
Zubereitungszeit: 15 Minuten • Garzeit: etwa 40 Minuten

Pro Portion etwa **1,30 €**

Einfach – deftig

Schupfnudeln mit Sauerkraut

1 große Zwiebel • 3 EL Sonnenblumenöl • 2 TL Zucker • 1 Dose Sauerkraut (Einwaage 810 g) • 1 Lorbeerblatt • 4 Wacholderbeeren • 1 TL Instant-Gemüsebrühe • Salz • frisch gemahlener Pfeffer • 4 Mettenden (etwa 300 g) • 500 g Schupfnudeln (aus dem Kühlregal) • 25 g Semmelbrösel • 40 g Butter

1 Zwiebel abziehen und in kleine Würfel schneiden. Öl in einer großen Pfanne erhitzen. Die Zwiebelwürfel darin andünsten. Zucker hinzugeben und karamellisieren lassen.

2 Sauerkraut, Lorbeerblatt, Wacholderbeeren und Gemüsebrühe ebenfalls in die Pfanne geben, mit Salz und Pfeffer würzen. Die Zutaten etwa 10 Minuten ohne Deckel garen lassen.

3 Den Backofen vorheizen.
Ober-/Unterhitze: etwa 200 °C
Heißluft: etwa 180 °C

4 Die Mettenden in Scheiben schneiden und mit dem Sauerkraut vermischen. Schupfnudeln in eine große, flache Auflaufform (gefettet) geben. Die Sauerkraut-Mettenden-Mischung darauf verteilen.

5 Den Auflauf mit Semmelbröseln bestreuen. Butter in kleinen Flöckchen daraufsetzen. Die Form auf dem Rost auf mittlerer Einschubleiste in den vorgeheizten Backofen schieben. Den Auflauf **etwa 25 Minuten garen.**

↻ Für Schupfnudeln mit Gemüse (Pro Portion: etwa 1,15 €) 500 g Paprikaschoten halbieren, entstielen, entkernen und die weißen Scheidewände entfernen. Schoten abspülen, abtropfen lassen und in Streifen schneiden. 250 g Zucchini abspülen, abtrocknen und die Enden abschneiden. Zucchini längs halbieren und in dünne Scheiben schneiden. Je eine Zwiebel und Knoblauchzehe abziehen, fein würfeln. 3–4 Esslöffel Sonnenblumenöl in einer großen Pfanne erhitzen. Gemüse darin andünsten, mit Salz und Pfeffer würzen. 500 g Schupfnudeln (aus dem Kühlregal) hinzufügen. Das Ganze unter Rühren 5–7 Minuten bei mittlerer Hitze braten, mit Salz und Pfeffer abschmecken. Nach Belieben 1 Esslöffel gehackte Petersilie unterrühren.

Zubereitungszeit: 30 Minuten • Garzeit: etwa 35 Minuten
4 Portionen • Pro Portion: E: 19 g, F: 45 g, Kh: 56 g, kJ: 2963, kcal: 711, BE: 4,5

Pro Portion etwa **1,40 €**

Gut vorzubereiten

Kartoffelauflauf

1 kg festkochende Kartoffeln • 200 g gekochter Schinken • Salz • frisch gemahlener Pfeffer • 100 ml Gemüsebrühe • 150 g saure Sahne • 3 Eier (Größe M) • geriebene Muskatnuss • 100 g geriebener Gouda-Käse • 40 g Butter • nach Belieben einige Basilikumblättchen zum Garnieren

1 Kartoffeln gründlich waschen. Kartoffeln mit Wasser bedeckt in einem Topf zum Kochen bringen, in etwa 25 Minuten gar kochen. Kartoffeln abgießen, mit kaltem Wasser abschrecken, etwas abkühlen lassen und pellen.

2 Den Backofen vorheizen.
Ober-/Unterhitze: etwa 200 °C
Heißluft: etwa 180 °C

3 Schinken in Würfel schneiden. Kartoffeln in gleich große Scheiben schneiden.

4 Kartoffelscheiben und Schinkenwürfel abwechselnd in eine große, flache Auflaufform (gefettet) schichten. Dabei die Kartoffellagen mit Salz und Pfeffer bestreuen. Die letzte Schicht sollten Kartoffelscheiben sein.

5 Die Brühe mit saurer Sahne und Eiern verschlagen, mit Salz, Pfeffer und Muskat würzen.

6 Eiermasse auf den Auflauf gießen. Auflauf mit Käse bestreuen. Butter in Flöckchen daraufsetzen. Die Auflaufform auf dem Rost auf mittlerer Einschubleiste in den vorgeheizten Backofen schieben. Den Auflauf **etwa 30 Minuten garen.**

7 Nach Belieben Basilikumblättchen abspülen, trocken tupfen und den Auflauf damit garnieren.

Sie können die Kartoffeln bereits am Vortag kochen. Schneiden Sie die Kartoffeln am Zubereitungstag und schichten sie dann erst ein.

Zubereitungszeit: 20 Minuten • Garzeit: etwa 55 Minuten
4 Portionen • Pro Portion: E: 29 g, F: 27 g, Kh: 35 g, kJ: 2123, kcal: 507, BE: 3,0

pro Portion etwa 1,30 €

Raffiniert – rustikal

Maultaschen-Sauerkraut-Auflauf

1 Zwiebel • 1 rote Paprikaschote (etwa 150 g) • 2 EL Sonnenblumenöl • 1 Dose Weinsauerkraut (Abtropfgewicht 810 g) • 1 EL gehackte Rosmarinnadeln • Salz • frisch gemahlener Pfeffer • 600 g Schwäbische Maultaschen (mit Fleischfüllung, aus dem Kühlregal) • 300 g saure Sahne • 200 g geriebener Gouda-Käse • 1 TL Paprikapulver edelsüß

1 Zwiebel abziehen und in kleine Würfel schneiden. Paprikaschote halbieren, entstielen, entkernen und die weißen Scheidewände entfernen. Schotenhälften abspülen, trocken tupfen und in Streifen schneiden.

2 Öl in einem Topf erhitzen. Zwiebelwürfel und Paprikastreifen darin andünsten. Sauerkraut mit der Flüssigkeit und Rosmarin hinzugeben, etwa 5 Minuten mitdünsten.

3 Den Backofen vorheizen.
Ober-/Unterhitze: etwa 180 °C
Heißluft: etwa 160 °C

4 Sauerkraut mit Salz und Pfeffer würzen. Maultaschen aus der Packung nehmen, auf das Sauerkraut legen und zugedeckt 1–2 Minuten garen. Den Deckel abnehmen. Sauerkraut so lange weiterdünsten lassen, bis fast keine Flüssigkeit mehr vorhanden ist. Die Sauerkraut-Maultaschen-Masse in eine große, flache Auflaufform (gefettet) geben.

5 Für den Guss saure Sahne und Käse mit einem Schneebesen verrühren, mit Paprika, Salz und Pfeffer würzen. Den Guss gleichmäßig auf der Sauerkraut-Maultaschen-Masse verteilen.

6 Die Form auf dem Rost auf mittlerer Einschubleiste in den vorgeheizten Backofen schieben. Den Auflauf **etwa 30 Minuten garen.**

Zubereitungszeit: 30 Minuten • Garzeit: etwa 30 Minuten
4–6 Portionen • Pro Portion: E: 25 g, F: 34 g, Kh: 40 g, kJ: 2365, kcal: 565, BE: 3,0

Pro Portion etwa 1,35 €

Herzhaft – deftig

Weißkohl-Mett-Lasagne

1 Weißkohl (etwa 1,2 kg) • 1–2 TL Salz • 500 g Kartoffeln • 2 Zwiebeln •
1 rote Paprikaschote • 150 g geräucherter Bauchspeck • 500 g gewürztes Schweinemett •
3 Eier (Größe M) • 200 g Schlagsahne • Salz • frisch gemahlener Pfeffer • Kümmelsamen •
125 g Mozzarella-Käse

1 Weißkohl putzen, vierteln und den Strunk herausschneiden. Den Kohl abspülen und abtropfen lassen. Wasser in einem großen Topf zum Kochen bringen. Salz hinzufügen.

2 Die Weißkohlviertel nacheinander darin blanchieren, bis die äußeren Blätter sich lösen. Dann in ein Sieb geben, mit kaltem Wasser abschrecken und abtropfen lassen. Einige Kohlblätter ablösen und beiseitelegen.

3 Den Backofen vorheizen.
Ober-/Unterhitze: etwa 200 °C
Heißluft: etwa 180 °C

4 Kartoffeln schälen, abspülen, abtropfen lassen und in dünne Scheiben schneiden. Zwiebeln abziehen und in kleine Würfel schneiden. Paprika halbieren, entstielen, entkernen und die weißen Scheidewände entfernen. Die Schote abspülen, abtropfen lassen und in Würfel schneiden.

5 Speck zuerst in dünne Scheiben, dann in Streifen schneiden. Speckstreifen mit den Kartoffelscheiben in eine große, flache Auflaufform (gefettet) geben. Kohlviertel darauf verteilen. Schweinemett und Zwiebelwürfel darauf verteilen, mit den beiseitegelegten Kohlblättern zudecken, fest andrücken. Paprikawürfel streifenförmig auf die Lasagne streuen.

6 Eier mit der Sahne verschlagen, mit Salz und Pfeffer würzen und auf die Lasagne gießen, mit Kümmel bestreuen. Mozzarella abtropfen lassen, in Scheiben schneiden und auf den Paprikawürfeln verteilen. Die Form auf dem Rost im unteren Drittel in den vorgeheizten Backofen schieben. Die Lasagne **50–60 Minuten garen.**

Zubereitungszeit: 35 Minuten • Garzeit: 50–60 Minuten
6 Portionen • Pro Portion: E: 31 g, F: 43 g, Kh: 20 g, kJ: 2490, kcal: 595, BE: 1,0

Pro Portion etwa **1,20 €**

Pro Portion etwa 0,30 €

Klassisch
Salzkartoffeln

1 kg Kartoffeln • 1 TL Salz

Zubereitungszeit: 15 Minuten • Garzeit: 15–20 Minuten • 4 Portionen
Pro Portion: E: 4 g, F: 0 g, Kh: 30 g, kJ: 596, kcal: 142, BE: 2,5

1 Kartoffeln schälen, evtl. schlechte Stellen entfernen. Kartoffeln abspülen und abtropfen lassen. Größere Kartoffeln ein- oder zweimal durchschneiden.

2 Kartoffeln in einen Topf geben und so viel Wasser hinzugießen, dass die Kartoffeln knapp bedeckt sind. Die Kartoffeln zugedeckt zum Kochen bringen. Salz hinzufügen. Die Kartoffeln in 20–25 Minuten gar kochen.

3 Kartoffeln abgießen. Kartoffeln im offenen Topf unter leichtem Schütteln abdämpfen.

Salzkartoffeln passen gut zu Fleisch- und Fischgerichten mit Sauce.

Für Petersilienkartoffeln (Pro Portion: etwa 0,40 €) die Kartoffeln wie die Salzkartoffeln zubereiten und in 20–30 g zerlassener Butter und 3 Esslöffeln gehackter Petersilie (etwa 1 Bund) schwenken.

Kartoffel-, Reis- und Nudelbeilagen

Beliebt

Kartoffel-Wedges

1 kg vorwiegend festkochende mittelgroße Kartoffeln • Salz • frisch gemahlener Pfeffer • 5 EL Olivenöl • 1½ TL Kräuter der Provence

1 Den Backofen vorheizen.
Ober-/Unterhitze: etwa 180 °C
Heißluft: etwa 160 °C

2 Kartoffeln unter fließendem Wasser gründlich abspülen bzw. abbürsten und abtropfen lassen. Kartoffeln längs vierteln, mit Salz und Pfeffer würzen. Öl zuerst mit den Kräutern, dann mit den Kartoffeln gründlich vermischen. Die Kartoffeln auf einem Backblech verteilen.

3 Das Backblech auf mittlerer Einschubleiste in den Backofen schieben. Die Kartoffeln **etwa 35 Minuten garen.** Dabei die Kartoffel-Wedges 2–3-mal wenden, damit sie rundherum gleichmäßig braun werden.

Die Kartoffel-Wedges zu kurz gebratenem Fleisch oder gegrilltem Fisch servieren. Oder einfach einen Kräuterquark (400 g, etwa 0,80 €) oder Tsatsiki (500 g, etwa 1,60 €) dazureichen.

Zubereitungszeit: 15 Minuten • Garzeit: etwa 35 Minuten • 4 Portionen
Pro Portion: E: 4 g, F: 13 g, Kh: 30 g, kJ: 1062, kcal: 253, BE: 2,5

Pro Portion etwa 0,40 €

Für Kinder

Pro Portion etwa 0,40 €

Kartoffelpüree

1 kg mehligkochende Kartoffeln • Salz • etwa 250 ml (¼ l) Milch • 50 g Butter • geriebene Muskatnuss

1 Kartoffeln schälen, abspülen, abtropfen lassen und in Stücke schneiden. Kartoffelstücke in einen Topf geben und so viel Wasser hinzugießen, dass die Kartoffeln knapp bedeckt sind. Kartoffelstücke zugedeckt zum Kochen bringen. Salz hinzufügen. Die Kartoffeln in 15–20 Minuten gar kochen.

2 Kartoffeln abgießen und sofort mit einem Stampfer oder in einer Kartoffelpresse zerdrücken.

3 Milch in einem kleinen Topf erhitzen. Die heiße Milch nach und nach mit einem Schneebesen oder Kochlöffel unter die Kartoffelmasse rühren (je nach Beschaffenheit der Kartoffeln kann die Milchmenge etwas variieren).

4 Püree bei schwacher Hitze mit einem Schneebesen rühren, bis eine lockere, einheitliche Masse entstanden ist. Butter unterrühren. Das Püree mit wenig Salz und Muskat abschmecken.

Die Kartoffeln nicht mit einem Handrührgerät verrühren oder einem Pürierstab pürieren, sonst wird das Püree zäh!

Schlagsahne statt Milch verwenden, dann aber auf die Butter verzichten (Pro Portion: etwa 0,50 €). Oder die Butter durch 100 g durchwachsenen Speck ersetzen. Dafür den Speck würfeln, in einer Pfanne ausbraten und zum Schluss unter das Püree rühren (Pro Portion: etwa 0,50 €).

Kartoffelpüree mit Knoblauch und Kräutern (Pro Portion: etwa 0,50 €). Dafür zusätzlich 1–2 Knoblauchzehen abziehen und hacken. Butter zerlassen. Knoblauch darin bei schwacher Hitze etwa 5 Minuten dünsten. Knoblauch und Butter mit 2 Esslöffeln gehackter Petersilie und 1 Esslöffel Schnittlauchröllchen zum Schluss unter das Püree rühren.

Kartoffelpüree mit gebräunten Zwiebelringen (Foto). Dafür 3–4 abgezogene, in dünne Scheiben geschnittene Zwiebeln in einer Pfanne mit 4 Esslöffeln Sonnenblumenöl anbraten. Nach Belieben noch etwas gehackte Petersilie auf das Püree streuen.

Zubereitungszeit: etwa 35 Minuten • Garzeit: 15–20 Minuten
4 Portionen • Pro Portion: E: 6 g, F: 13 g, Kh: 33 g, kJ: 1162, kcal: 277, BE: 3,0

Kartoffel-, Reis- und Nudelbeilagen

Pro Portion etwa 0,50 €

0,65 € Pro Portion etwa

Klassisch
Kartoffel-Mayo-Salat

750 g gegarte Pellkartoffeln • 2 Zwiebeln • 200 g Gewürzgurken • 3 hart gekochte Eier
Für die Salatsauce: 200 g Salatmayonnaise • 3 EL Gurkenflüssigkeit (von den Gewürzgurken) • 1 Prise Zucker • Salz • frisch gemahlener Pfeffer

Zubereitungszeit: 20 Minuten, ohne Durchziehzeit • 4 Portionen
Pro Portion: E: 10 g, F: 30 g, Kh: 32 g, kJ: 1854, kcal: 446, BE: 2,5

1 Kartoffeln pellen und in Scheiben schneiden. Zwiebeln abziehen und in kleine Würfel schneiden. Gurken abtropfen lassen und in dünne Scheiben schneiden. Eier pellen und in Scheiben schneiden. Zwiebelwürfel, Eier- und Gurkenscheiben mit den Kartoffelscheiben vermengen.

2 Für die Salatsauce Mayonnaise mit Gurkenflüssigkeit verrühren, mit Zucker, Salz und Pfeffer abschmecken. Sauce mit den Salatzutaten vermengen, zugedeckt im Kühlschrank etwa 30 Minuten durchziehen lassen. Salat vor dem Servieren nochmals mit Salz und Pfeffer abschmecken.

Sie können den Kartoffelsalat bereits am Vortag zubereiten und zugedeckt in den Kühlschrank stellen.

Einfach und beliebt

Warmer Kartoffelsalat

1 kg festkochende Kartoffeln • 2 Zwiebeln • 75 g fetter Speck • 125 ml (⅛ l) Gemüsebrühe • 4–5 EL Kräuteressig • Salz • frisch gemahlener Pfeffer • Zucker • 2 EL Schnittlauchröllchen

1 Die Kartoffeln unter fließendem Wasser abbürsten und abtropfen lassen. Kartoffeln knapp mit Wasser bedeckt zum Kochen bringen und zugedeckt in 20–25 Minuten gar kochen.

2 Zwiebeln abziehen. Zwiebeln und Speck fein würfeln. Eine große Pfanne ohne Fett erhitzen. Speckwürfel darin ausbraten. Ausgebratene Speckgrieben mit einer Schaumkelle aus der Pfanne nehmen und beiseitestellen.

3 Zwiebelwürfel und Brühe in die Pfanne geben, kurz aufkochen lassen. Essig unterrühren. Die Marinade mit Salz, Pfeffer und Zucker abschmecken.

4 Die garen Kartoffeln abgießen, mit kaltem Wasser abschrecken, abtropfen lassen, sofort pellen, in Scheiben schneiden und in die Pfanne geben. Marinade mit den Kartoffeln vermengen und einige Minuten auf der ausgeschalteten Kochstelle ziehen lassen.

5 Salat nochmals mit Salz, Pfeffer und Essig abschmecken, mit beiseitegestellten Speckgrieben und Schnittlauchröllchen bestreut servieren.

Zubereitungszeit: 25 Minuten, ohne Durchziehzeit • Garzeit: 20–25 Minuten
4 Portionen • Pro Portion: E: 6 g, F: 17 g, Kh: 35 g, kJ: 1354, kcal: 323, BE: 3,0

Portion etwa 0,60 €

Pro Portion etwa **0,55 €**

Beliebt

Kartoffelgratin

1 Knoblauchzehe • 800 g festkochende Kartoffeln • Salz • frisch gemahlener Pfeffer • geriebene Muskatnuss • 125 ml (⅛ l) Milch • 125 g Schlagsahne • 2 EL geriebener Parmesan-Käse

Zubereitungszeit: 40 Minuten • Garzeit: 45–55 Minuten • 4 Portionen
Pro Portion: E: 7 g, F: 16 g, Kh: 26 g, kJ: 1189, kcal: 284, BE: 2,0

1 Den Backofen vorheizen.
Ober-/Unterhitze: etwa 200 °C
Heißluft: etwa 180 °C

2 Knoblauch abziehen, durchschneiden und eine Auflaufform (gefettet, etwa 2,5 l Inhalt) damit ausreiben. Kartoffeln schälen, abspülen, trocken tupfen und in dünne Scheiben schneiden.

3 Die Kartoffelscheiben dachziegelartig in die Auflaufform schichten. Die Kartoffelscheiben kräftig mit Salz, Pfeffer und Muskat würzen.

4 Milch mit Sahne verrühren und auf die Kartoffelscheiben gießen. Käse daraufstreuen. Die Form auf dem Rost auf mittlerer Einschubleiste in den vorgeheizten Backofen schieben. Das Gratin **45–55 Minuten garen,** bis es schön goldbraun ist.

Das Gratin kann auch in Portionsformen zubereitet werden. Die Garzeit verringert sich dann auf 40–45 Minuten. Das Gratin passt perfekt zu saucenlosen Fleisch-, Fisch- oder Gemüsegerichten.

78 | Kartoffel-, Reis- und Nudelbeilagen

Beliebt

Bratkartoffeln

1 kg festkochende Kartoffeln • 2 große Zwiebeln • 6 EL Speiseöl, z. B. Sonnenblumenöl • 100 g gewürfelter, durchwachsener Speck • Salz • frisch gemahlener Pfeffer

1 Kartoffeln unter fließendem Wasser abbürsten und abtropfen lassen. Kartoffeln knapp mit Wasser bedeckt zum Kochen bringen und zugedeckt in 20–25 Minuten gar kochen.

2 Kartoffeln abgießen, mit kaltem Wasser abschrecken, nochmals abgießen, abtropfen lassen. Kartoffeln noch warm pellen. Zwiebeln abziehen und klein würfeln. Kartoffeln in etwa 5 mm dicke Scheiben schneiden.

3 Öl in einer großen Pfanne zerlassen. Speck darin anbraten. Kartoffelscheiben hinzugeben, mit Salz und Pfeffer bestreuen. Die Kartoffeln in 10 Minuten bei mittlerer Hitze unter gelegentlichem Wenden goldbraun braten. Zwiebeln hinzufügen. Das Ganze weitere 5–10 Minuten braten.

Am besten die Kartoffeln bereits am Vortag kochen. Durch etwas Paprikapulver erhalten die Kartoffeln eine appetitliche Farbe.

Zubereitungszeit: 15 Minuten • Garzeit: 35–45 Minuten • 4 Portionen
Pro Portion: E: 9 g, F: 22 g, Kh: 35 g, kJ: 1587, kcal: 379, BE: 3,0

Pro Portion etwa **0,70 €**

Klassisch

Gedünsteter Reis

1 Zwiebel • 20 g Butter oder Margarine • 300 g Langkornreis • 600 ml warme Gemüsebrühe • etwas Salz

1 Zwiebel abziehen und in kleine Würfel schneiden.

2 Butter oder Margarine in einem Topf zerlassen. Zwiebelwürfel und Reis darin andünsten. Brühe hinzugießen, zum Kochen bringen.

3 Den Reis bei schwacher Hitze zugedeckt 15–20 Minuten quellen lassen. Den garen Reis evtl. mit Salz abschmecken.

Den gedünsteten Reis als Beilage zu Fleisch- und Gemüsegerichten servieren oder für Reissalate verwenden.

Für Tomatenreis (im Foto unten, Pro Portion: etwa 0,90 €) den Reis wie oben angegeben zubereiten. In der Zwischenzeit 800 g Tomaten enthäuten. Dazu die Tomaten kreuzweise einschneiden, kurz mit kochendem Wasser übergießen, mit kaltem Wasser abschrecken und enthäuten. Tomaten halbieren und die Stängelansätze herausschneiden. Tomaten entkernen und in Würfel schneiden. 2 Knoblauchzehen und 1 Zwiebel abziehen und würfeln. 3 Esslöffel Sonnenblumenöl erhitzen. Knoblauch- und Zwiebelwürfel darin andünsten. Tomatenwürfel und 1 Teelöffel getrocknete Kräuter der Provence hinzugeben. Das Ganze bei schwacher Hitze zugedeckt etwa 5 Minuten dünsten. Tomatenmasse mit Salz, Pfeffer und etwas Zucker abschmecken, mit dem gedünsteten Reis vermischen. 50 g geriebenen Gouda und 1 Esslöffel gehackte Petersilie unterrühren.

Für Curryreis (im Foto oben, Pro Portion: etwa 0,35 €) Zwiebelwürfel und Reis wie oben angegeben andünsten. 1 Esslöffel Currypulver daraufstreuen und kurz mitdünsten lassen. Dann Brühe hinzugießen. Reis wie angegeben garen.

Zubereitungszeit: 10 Minuten • Garzeit: 15–20 Minuten

4 Portionen • Pro Portion: E: 6 g, F: 5 g, Kh: 59 g, kJ: 1287, kcal: 308, BE: 5,0

80 | Kartoffel-, Reis- und Nudelbeilagen

Pro Portion etwa 0,30 €

Schnell

Spaghetti

Pro Portion etwa **0,08 €**

2½ l Wasser • 2½ TL Salz • 250 g Spaghetti oder andere getrocknete Nudeln

1 Wasser in einem großen Topf zugedeckt zum Kochen bringen. Salz und Spaghetti zugeben. Die Spaghetti nach Packungsanleitung ohne Deckel bei mittlerer Hitze bissfest gar kochen, dabei gelegentlich umrühren. Anschließend die Spaghetti in ein Sieb geben, mit heißem Wasser abspülen und abtropfen lassen.

250 g getrocknete Nudeln reichen für 4 Portionen als Beilage, zum Sattessen sollten Sie 400–500 g Nudeln zubereiten.
Pro 100 g Nudeln benötigt man 1 Liter Wasser, pro Liter Wasser wird jeweils 1 Teelöffel Salz zugegeben. Ab einer Nudelmenge von 500 g evtl. 2 Töpfe verwenden.

Für Spaghetti mit Tomatensauce (Foto) für die Tomatensauce je 1 fein gewürfelte Zwiebel und Knoblauchzehe in etwa 2 Esslöffeln Olivenöl in einem Topf andünsten. 1 Esslöffel Tomatenmark unterrühren. 2 Dosen stückige Tomaten (je 400 g) mit dem Saft hinzugießen. 1 Lorbeerblatt und 1 Teelöffel Kräuter der Provence unterrühren. Die Sauce bei mittlerer Hitze zugedeckt etwa 15 Minuten unter gelegentlichem Rühren kochen lassen. Die Sauce dann mit Salz, Pfeffer und evtl. einer Prise Zucker abschmecken. In der Zwischenzeit 400–500 g Spaghetti wie im Rezept beschrieben garen und abtropfen lassen. Spaghetti mit der Tomatensauce und etwa 40 g geriebenen Parmesan-Käse servieren.

Für Spaghetti Bolognese (Pro Portion: etwa 0,95 €) für die Sauce je 1 Zwiebel und Knoblauchzehe abziehen, fein würfeln. 2 Möhren putzen. 100 g Knollensellerie und die Möhren schälen, abspülen, abtropfen lassen und würfeln. 2 Esslöffel Olivenöl in einem Topf erhitzen. Zuerst die Zwiebel- und Knoblauchwürfel, dann die Möhren- und Selleriewürfel darin andünsten. 250 g Rindergehacktes hinzufügen, anbraten, dabei umrühren und die Klümpchen mit einer Gabel zerdrücken. Geschälte Tomaten aus der Dose (Füllmenge 800 g) zerkleinern, mit dem Saft und 2 Esslöffeln Tomatenmark in den Topf geben. Alles mit Salz, Pfeffer und etwas Oregano würzen. Sauce zum Kochen bringen und bei schwacher Hitze etwa 15 Minuten ohne Deckel leicht kochen, dabei ab und zu umrühren. Inzwischen 400–500 g Spaghetti wie im Rezept beschrieben zubereiten und mit der Sauce servieren.

Zubereitungszeit: 25 Minuten • 4 Portionen
Pro Portion: E: 8 g, F: 1 g, Kh: 44 g, kJ: 909, kcal: 218, BE: 3,5

Pro Portion etwa 0,80 €

Preiswert

Spätzle

Pro Portion etwa 0,20 €

2½ l Wasser • 2½ TL Salz • 250 g getrocknete Spätzle • 40 g Butter

1 Wasser in einem großen Topf zugedeckt zum Kochen bringen. Dann Salz und Spätzle zufügen. Die Spätzle nach Packungsanleitung im geöffneten Topf bei mittlerer Hitze kochen, dabei gelegentlich umrühren.

2 Die gegarten Spätzle in ein Sieb geben und abtropfen lassen. Butter in einer Pfanne bräunen und die Spätzle darin schwenken.

Für geschmälzte Spätzle (Pro Portion: etwa 0,50 €) 30 g Butter zerlassen (schmälzen), mit 2 Esslöffeln Semmelbröseln verrühren und auf die Spätzle geben.

Zubereitungszeit: 25 Minuten • 4 Portionen

Pro Portion: E: 8 g, F: 10 g, Kh: 43 g, kJ: 1235, kcal: 295, BE: 3,5

Etwas aufwendiger

Überbackene Erbsen-Püree-Kartoffeln

8 große, festkochende Kartoffeln (je etwa 200 g)
Für die Füllung: 200 g TK-Erbsen • 50 ml Gemüsebrühe • 1 Pck. Kartoffelpüree (für 3 Portionen) • 375 ml (³⁄₈ l) Wasser • ½ gestr. TL Salz • 125 ml (⅛ l) Milch • 2 EL gemischte TK-Kräuter • 125 g Magerquark • Salz • frisch gemahlener Pfeffer • frisch geriebene Muskatnuss
Zum Beträufeln und Bestreuen: 30 g Butter • 40 g geriebener Parmesan-Käse

1 Kartoffeln unter fließendem Wasser abbürsten, abtropfen lassen und in einen großen Topf geben. So viel Wasser hinzufügen, dass die Kartoffeln knapp mit Wasser bedeckt sind. Kartoffeln zum Kochen bringen.

2 Kartoffeln zugedeckt in 25–35 Minuten, je nach Größe der Kartoffeln, gar kochen. Kartoffeln abgießen, mit kaltem Wasser abschrecken, nochmals abgießen und etwas abkühlen lassen. Kartoffeln längs halbieren.

3 Den Backofen vorheizen.
Ober-/Unterhitze: etwa 200 °C
Heißluft: etwa 180 °C

4 Erbsen mit Brühe in einem kleinen Topf zum Kochen bringen und etwa 5 Minuten kochen lassen. Erbsen mit der Brühe in einen hohen Rührbecher geben und pürieren.

5 Kartoffelpüreepulver mit Wasser, Salz und Milch nach Packungsanleitung zubereiten. Kräuter, Quark und Erbsenpüree unterrühren. Die Masse mit Salz, Pfeffer und Muskat kräftig würzen, auf den Kartoffelhälften verteilen und mit einem Teelöffel leicht verstreichen. Die Kartoffeln auf ein Backblech (mit Backpapier belegt) legen.

6 Butter zerlassen. Die Püreemasse damit bestreichen. Käse daraufstreuen. Das Backblech auf mittlerer Einschubleiste in den vorgeheizten Backofen schieben. Die Kartoffeln **etwa 15 Minuten überbacken.**

Zubereitungszeit: 45 Minuten, ohne Abkühlzeit • Garzeit: 40–50 Minuten
4 Portionen • Pro Portion: E: 22 g, F: 12 g, Kh: 81 g, kJ: 2213, kcal: 530, BE: 7,0

Pro Portion etwa **1,30 €**

🟢 Die Kartoffeln nach Belieben mit kleinen Rosmarinzweigen oder Petersilienblättchen garniert servieren. Sie können die Kartoffeln bis einschließlich Punkt 5 vorbereiten und zugedeckt kalt stellen. Dann die vorbereiteten Kartoffeln mit der zerlassenen Butter bestreichen und mit Käse bestreuen, im vorgeheizten Backofen (bei Ober-/Unterhitze: etwa 180 °C, Heißluft: etwa 160 °C) **30–40 Minuten überbacken.**

Raffiniert einfach

Überbackene Nudelspieße

250 g Cocktailtomaten • 200 g Zucchini • 200 g kleine Champignons • 500 g Tortellini Formaggia (aus dem Kühlregal) • 2 Dosen stückige Tomaten (Einwaage je 400 g) • Salz • frisch gemahlener Pfeffer • 2 EL Olivenöl • 100 g frisch geriebener Parmesan-Käse • 1 EL gehacktes Basilikum
Außerdem: 8 Schaschlikspieße

1 Den Backofen vorheizen.
Ober-/Unterhitze: etwa 200 °C
Heißluft: etwa 180 °C

2 Tomaten abspülen, abtrocknen und evtl. die Stängelansätze herausschneiden. Zucchini abspülen, abtrocknen und die Enden abschneiden. Zucchini in etwa 1 cm dicke Scheiben schneiden. Champignons putzen, mit Küchenpapier abreiben, evtl. abspülen und gut abtropfen lassen.

3 Abwechselnd Tortellini, Tomaten, Champignons und Zucchinischeiben auf die Holzspieße stecken (auf jeden Spieß mindestens 4 Tortellini). Stückige Tomaten in einer großen, flachen Auflaufform (gefettet) verteilen. Die Spieße darauflegen.

4 Restliche Tomaten, Zucchinischeiben und Champignons mit in die Form geben, mit Salz und Pfeffer würzen. Olivenöl daraufträufeln. Die Form auf dem Rost im unteren Drittel in den vorgeheizten Backofen schieben. Die Nudelspieße **etwa 10 Minuten garen.**

5 Dann die Backofentemperatur auf Ober-/Unterhitze etwa 180 °C, Heißluft etwa 160 °C herunterschalten. Käse auf die Nudelspieße streuen. Die Nudelspieße **weitere etwa 15 Minuten garen.** Dann die Nudelspieße mit Basilikum bestreut servieren.

Die Nudelspieße können auch am Vortag vorbereitet und zugedeckt in den Kühlschrank gestellt werden. Die Garzeit erhöht sich dann um etwa 10 Minuten. Sie können auch die Hälfte des Parmesan-Käses durch Gouda-Käse ersetzen, so wird es etwas preiswerter.

Zubereitungszeit: 40 Minuten • Garzeit: etwa 25 Minuten
4 Portionen • Pro Portion: E: 27 g, F: 29 g, Kh: 66 g, kJ: 2654, kcal: 630, BE: 5,5

Pro Portion etwa 1,50 €

Kalorienarmer Genuss

Gemüseragout

600 g kleine, festkochende Kartoffeln • Wasser • 1 TL Salz • 4 Möhren (etwa 400 g) •
2 Kohlrabi (etwa 400 g) • 1 Salat- oder Schmorgurke (etwa 400 g) • 500 g grüner
Spargel • 2–3 Stängel Dill • 2 Knoblauchzehen • 6 EL Olivenöl • 250 ml (¼ l) Gemüsebrühe • Salz • frisch gemahlener Pfeffer

1 Kartoffeln unter fließendem Wasser abbürsten und abtropfen lassen.
Kartoffeln in einen Topf geben und so viel Wasser hinzufügen, dass die
Kartoffeln knapp bedeckt sind. Kartoffeln zugedeckt zum Kochen bringen. Salz
hinzugeben. Die Kartoffeln zugedeckt in etwa 15 Minuten gar kochen.

2 In der Zwischenzeit Möhren putzen, schälen, abspülen, abtropfen lassen
und in Scheiben schneiden. Kohlrabi schälen, abspülen, abtropfen lassen
und in Stifte schneiden. Gurke abspülen, trocken tupfen, längs halbieren und
entkernen. Gurke in etwa 2 cm dicke Stücke schneiden.

3 Vom Spargel das untere Drittel schälen und die unteren Enden abschneiden. Spargelstangen je nach Größe halbieren oder dritteln.

4 Dill abspülen und trocken tupfen. Die Spitzen von den Stängeln zupfen.
Einige Spitzen zum Garnieren beiseitelegen. Restliche Spitzen klein schneiden.

5 Die garen Kartoffeln abgießen, mit kaltem Wasser abschrecken und
abtropfen lassen. Knoblauch abziehen und in kleine Würfel schneiden.

6 Jeweils etwas Olivenöl in einer Pfanne erhitzen. Die vorbereiteten Ge-
müsezutaten nacheinander darin andünsten und in einen großen Topf geben. Brühe hinzugießen. Das Gemüse mit Salz und Pfeffer würzen. Dill und
Knoblauchwürfel unterrühren.

7 Die Zutaten zum Kochen bringen und zugedeckt bei schwacher Hitze
10–15 Minuten garen. Das Gemüse sollte noch etwas Biss haben. Das Gemüseragout mit Salz und Pfeffer abschmecken und mit den beiseitegelegten
Dillstängeln garniert servieren.

+ Reichen Sie nach Belieben Baguette mit Kräuter-Knoblauch-Butter
(100 g, etwa 1,20 €) dazu.

Zubereitungszeit: 30 Minuten • Garzeit: 25–30 Minuten
4 Portionen • Pro Portion: E: 8 g, F: 16 g, Kh: 33 g, kJ: 1290, kcal: 308, BE: 2,0

88 | Vegetarische Gerichte

Pro Portion etwa 1,50 €

Pro Portion etwa 1,20 €

Fettarm

Nudel-Eier-Pfanne

2½ l Wasser • 2½ TL Salz • 250 g bunte Nudeln, z. B Spirelli • 2 rote Paprikaschoten • 1 grüne Paprikaschote • 2 Eier (Größe M) • 4 EL Milch • Salz • frisch gemahlener Pfeffer • Paprikapulver edelsüß • 1 EL Speiseöl, z. B. Sonnenblumenöl

1 Wasser in einem großen Topf zugedeckt zum Kochen bringen. Salz und Nudeln zugeben. Nudeln im geöffneten Topf bei mittlerer Hitze nach Packungsanleitung bissfest kochen, ab und zu umrühren. Die Nudeln in ein Sieb geben, mit kaltem Wasser abspülen und abtropfen lassen.

2 In der Zwischenzeit Paprika halbieren, entstielen, entkernen und die weißen Scheidewände entfernen. Die Schoten abspülen, abtropfen lassen und in dünne Streifen schneiden. Eier mit Milch verschlagen, mit Salz, Pfeffer und Paprikapulver würzen.

3 Öl in einer großen, beschichteten Pfanne erhitzen. Paprikastreifen unter Rühren etwa 3 Minuten darin dünsten. Nudeln unterrühren und die Eiermilch gleichmäßig daraufgießen. Die Masse bei schwacher Hitze einige Minuten stocken lassen und anschließend sofort servieren.

Nach Belieben etwa 200 ml Tomatenketchup (Pro Portion: etwa 1,35 €) oder eine fertige Tomatensauce aus der Packung (etwa 300 ml, Pro Portion: etwa 1,50 €) dazureichen.

Zubereitungszeit: 30 Minuten • 4 Portionen
Pro Portion: E: 13 g, F: 8 g, Kh: 50 g, kJ: 1379, kcal: 329, BE: 3,5

Beliebt

Käsespätzle

5 l Wasser • 5 TL Salz • 500 g getrocknete Spätzle • 200 g geriebener Emmentaler-Käse • 3 Zwiebeln • 50 g Butter • 1 EL Schnittlauchröllchen

1 Wasser in einem großen Topf zugedeckt zum Kochen bringen. Dann Salz und Spätzle zufügen. Die Spätzle nach Packungsanleitung im geöffneten Topf bei mittlerer Hitze kochen, dabei gelegentlich umrühren.

2 Den Backofen vorheizen.
Ober-/Unterhitze: etwa 200 °C
Heißluft: etwa 180 °C

3 Die gegarten Spätzle in einem Sieb abtropfen lassen, mit kaltem Wasser abschrecken und abtropfen lassen. Die Spätzle abwechselnd mit dem Käse in eine Auflaufform (gefettet) schichten (die oberste Schicht sollte aus Käse bestehen). Die Form auf dem Rost auf mittlerer Einschubleiste in den vorgeheizten Backofen schieben. Die Käsespätzle **15–20 Minuten backen.**

4 Zwiebeln abziehen, in Scheiben schneiden, dann in Ringe teilen. Butter in einer Pfanne zerlassen. Die Zwiebelringe darin goldbraun braten. Die Käsespätzle mit Zwiebelringen und Schnittlauchröllchen bestreuen und servieren.

Servieren Sie einen Tomatensalat (siehe Seite 31) dazu.

Zubereitungszeit: 30 Minuten • Garzeit: 15–20 Minuten • 4 Portionen
Pro Portion: E: 30 g, F: 30 g, Kh: 87 g, kJ: 3160, kcal: 755, BE: 7,0

Pro Portion etwa 0,95 €

Pro Portion etwa 1,00 €

Einfacher Klassiker

Eier mit Frankfurter Grüner Sauce

Für die Grüne Sauce: 50 g gehackte, gemischte TK-Kräuter • 200 g Schmand (Sauerrahm) • 150 g Joghurt • Salz • frisch gemahlener Pfeffer • etwas Zitronensaft • 1½ l Wasser • 3–4 EL Kräuteressig • 8 Eier (Größe M)

1 Für die Sauce Kräuter, Schmand und Joghurt in einem hohen Rührbecher fein pürieren. Die Sauce mit Salz, Pfeffer und Zitronensaft abschmecken.

2 Wasser in einem Topf zum Kochen bringen. Essig hinzufügen. Eier einzeln in einer Kelle aufschlagen, vorsichtig in das siedende (nicht sprudelnd kochende) Wasser gleiten lassen. Eiweiß sofort mit 2 Esslöffeln an das Eigelb schieben. Die Eier bei schwacher Hitze 3–4 Minuten ohne Deckel gar ziehen lassen (maximal 4 Eier auf einmal garen).

3 Die garen Eier mit einem Schaumlöffel herausnehmen, kurz in kaltes Wasser tauchen, abtropfen lassen und nach Belieben die Ränder glatt schneiden. Die pochierten Eier mit der Grünen Sauce anrichten.

Lecker schmecken Salzkartoffeln (siehe Seite 72) dazu.

Zubereitungszeit: 30 Minuten • 4 Portionen
Pro Portion: E: 16 g, F: 19 g, Kh: 3 g, kJ: 1043, kcal: 249, BE: 0,5

Bei Kindern beliebt

Eier in Senfsauce

8 Eier • 25 g Butter • 20 g Weizenmehl • 125 ml (⅛ l) Gemüsebrühe • 250 g Schlagsahne • 1 EL mittelscharfer Senf • 1 EL körniger Senf • Salz • frisch gemahlener Pfeffer

1 Eier an der Unterseite einpicken, in kochendes Wasser geben und in etwa 8 Minuten hart kochen. Eier mit kaltem Wasser abschrecken, damit die Eier nicht nachgaren.

2 In der Zwischenzeit Butter in einem Topf zerlassen. Mehl dazugeben und unter Rühren so lange darin erhitzen, bis es goldgelb ist. Brühe und Sahne nach und nach unter Rühren mit dem Schneebesen hinzugeben, dabei darauf achten, dass keine Klümpchen entstehen.

3 Die Sauce zum Kochen bringen und unter Rühren 3–5 Minuten bei schwacher Hitze köcheln lassen. Beide Senfsorten unterrühren. Die Sauce mit Salz und Pfeffer würzen. Eier pellen, nach Belieben halbieren und kurz vor dem Servieren in die Sauce geben.

Servieren Sie dazu Petersilienkartoffeln (siehe Seite 72).

Zubereitungszeit: 20 Minuten • 4 Portionen
Pro Portion: E: 17 g, F: 38 g, Kh: 7 g, kJ: 1833, kcal: 438, BE: 0,5

Pro Portion etwa 0,75 €

Gut vorzubereiten

Gulasch vom Wirsingkohl

1 Kopf Wirsingkohl (etwa 1 kg) • 2 Bund Suppengrün (Möhren, Porree, Sellerie) • 600 g kleine, festkochende Kartoffeln • ½ Bund Thymian • 5 EL Sonnenblumenöl • 2 EL Zucker • 6 EL Balsamico-Essig • 500 ml (½ l) Gemüsebrühe • Kümmelsamen • Salz • frisch gemahlener Pfeffer

1 Von dem Wirsing die groben äußeren Blätter lösen. Wirsing vierteln und den Strunk herausschneiden. Wirsing abspülen, abtropfen lassen und in Stücke schneiden. Suppengrün putzen, schälen, abspülen, abtropfen lassen und in kleine Würfel schneiden.

2 Kartoffeln schälen, abspülen, abtropfen lassen und in Würfel schneiden. Thymian abspülen und trocken tupfen. Einige Stängel zum Garnieren beiseitelegen. Die Blättchen von den restlichen Stängeln zupfen.

3 Öl in einem Bräter oder großen Topf erhitzen. Das vorbereitete Gemüse und die Kartoffelwürfel in 2 Portionen etwa 5 Minuten darin andünsten. Zucker unterrühren und karamellisieren lassen.

4 Essig und Brühe hinzugießen. Die Hälfte der Thymianblättchen hinzugeben und mit Kümmelsamen, Salz und Pfeffer würzen. Die Zutaten zum Kochen bringen und zugedeckt bei schwacher Hitze etwa 30 Minuten garen.

5 Gulasch nochmals mit den Gewürzen abschmecken und restliche Thymianblättchen unterrühren. Gulasch mit den beiseitegelegten Thymianstängeln garnieren und servieren.

Wenn Sie möchten, können Sie das Gulasch mit etwas angerührter Speisestärke binden.
Sie können das Gulasch als nicht vegetarisches Gericht mit kleinen Hackfleischbällchen zubereiten. Dafür 500 g Bratwurstbrät (Pro Portion: etwa 2,10 €) mit angefeuchteten Händen zu kleinen Bällchen formen, diese in kochendem Salzwasser etwa 5 Minuten garen, herausnehmen und zum Gulasch geben.

Zubereitungszeit: 25 Minuten • Garzeit: etwa 30 Minuten
4 Portionen • Pro Portion: E: 11 g, F: 14 g, Kh: 42 g, kJ: 1436, kcal: 343, BE: 2,5

94 | Vegetarische Gerichte

Einfach gut

Blechkartoffeln mit Kräuterquark

1 kg mittelgroße, festkochende Kartoffeln • 2–3 Knoblauchzehen • 3 Stängel Thymian •
2 Stängel Rosmarin • 5 EL Olivenöl • Salz • frisch gemahlener Pfeffer
Für den Kräuterquark: 500 g Magerquark • 200 g Schmand (Sauerrahm) •
1 EL gehackte, gemischte TK-Kräuter • Salz • frisch gemahlener Pfeffer

1 Kartoffeln unter fließendem Wasser abbürsten und abtropfen lassen. Knoblauchzehen abziehen und hacken. Thymian und Rosmarin abspülen und trocken tupfen. Blättchen und Nadeln von den Stängeln zupfen und grob hacken.

2 Olivenöl, gehackte Kräuter, Knoblauch, Salz und Pfeffer verrühren. Die Kartoffeln ungeschält der Länge nach halbieren, mit der Ölmischung vermengen und mindestens 30 Minuten durchziehen lassen.

3 Den Backofen vorheizen.
Ober-/Unterhitze: etwa 200 °C
Heißluft: etwa 180 °C

4 Kartoffelhälften mit der Schnittfläche nach oben auf ein Backblech (gefettet) legen. Kartoffeln mit der restlichen Marinade beträufeln. Das Backblech auf mittlerer Einschubleiste in den vorgeheizten Backofen schieben. Kartoffeln **etwa 40 Minuten garen.**

5 Inzwischen für den Kräuterquark Quark mit Schmand und den Kräutern verrühren. Kräuterquark mit Salz und Pfeffer abschmecken. Den Kräuterquark zu den Blechkartoffeln servieren.

Die Blechkartoffeln anstelle von Kräuterquark mit Tsatsiki (500 g, etwa 1,60 €) oder Kräuterbutter (100 g, etwa 1,30 €) servieren.

Um die Garzeit zu verkürzen, können Sie die Kartoffeln schälen, ganz lassen und etwa 10 Minuten vorkochen. Die Garzeit im Backofen beträgt dann nur etwa 20 Minuten. Wenden Sie die Kartoffeln nach etwa der Hälfte der Garzeit.

Zubereitungszeit: 20 Minuten, ohne Durchziehzeit • Garzeit: etwa 40 Minuten
4 Portionen • Pro Portion: E: 23 g, F: 25 g, Kh: 43 g, kJ: 2101, kcal: 501, BE: 3,5

Pro Portion etwa 0,85 €

Leicht genießen

Fischröllchen auf Möhrengemüse

600 g TK-Seelachsfilet (4 gleich große, dünne Fischfilets) • Salz • frisch gemahlener Pfeffer • 8 dünne Scheiben Schinkenspeck (etwa 80 g) • 750 g Möhren • 50 g Butter oder Margarine • 200 ml Gemüsebrühe • 1 Bund Frühlingszwiebeln • 1 EL gehackte TK-Petersilie
Außerdem: 8 Holzstäbchen oder Küchengarn

1 Seelachsfilet nach Packungsanleitung auftauen lassen.

2 Fischfilets unter fließendem kalten Wasser abspülen, trocken tupfen und mit Salz und Pfeffer bestreuen. Die Fischfilets (mit der silbrig glänzenden Seite nach unten) auf eine Arbeitsfläche legen.

3 Auf jedes Fischfilet je 2 Scheiben Schinkenspeck legen. Die Filets vorsichtig von der schmalen Seite her aufrollen und mit je zwei Holzstäbchen feststecken oder mit Küchengarn verschnüren.

4 Für das Möhrengemüse Möhren putzen, schälen, abspülen, abtropfen lassen und in dünne Scheiben schneiden oder hobeln.

5 Butter oder Margarine in einem großen, flachen Topf zerlassen. Die Möhrenscheiben darin andünsten und mit Salz und Pfeffer würzen. Gemüsebrühe hinzugießen und kurz aufkochen lassen.

6 In der Zwischenzeit die Frühlingszwiebeln putzen, abspülen, abtropfen lassen und in etwa 1 cm breite Stücke schneiden.

7 Dann die Frühlingszwiebelstücke unter die Möhrenscheiben geben. Die Fischröllchen auf das Gemüse setzen und alles zugedeckt etwa 10 Minuten bei schwacher Hitze dünsten, dabei die Fischröllchen 1-mal vorsichtig wenden.

8 Die Fischröllchen aus dem Topf nehmen und warm stellen. Petersilie unter das Gemüse rühren. Die Fischröllchen auf vorgewärmten Tellern auf dem Möhrengemüse anrichten und servieren.

Servieren Sie Kartoffelpüree (siehe Seite 74) dazu.

Zubereitungszeit: 30 Minuten, ohne Auftauzeit • Garzeit: etwa 10 Minuten
4 Portionen • Pro Portion: E: 34 g, F: 14 g, Kh: 12 g, kJ: 1298, kcal: 310, BE: 0,0

Kalorienarm

Verhülltes Fischfilet

750 g TK-Seelachsfilet • 2 Stangen Porree (Lauch) • 2 EL Speiseöl, z. B. Sonnenblumenöl • Salz • frisch gemahlener Pfeffer • 4 Tomaten • ½ Bund glatte Petersilie • 3 EL Röstzwiebeln
Außerdem: 4 Bögen Back- oder Butterbrotpapier (je etwa 30 x 30 cm) • etwas Küchengarn

1 Seelachsfilet nach Packungsanleitung auftauen lassen.

2 Porree putzen. Die Stangen längs halbieren, gründlich waschen, abtropfen lassen und in feine Streifen schneiden. Öl in einer Pfanne erhitzen. Porreestreifen hinzugeben und unter gelegentlichem Rühren etwa 3 Minuten dünsten, mit Salz und Pfeffer würzen.

3 Den Backofen vorheizen.
Ober-/Unterhitze: etwa 200 °C
Heißluft: etwa 180 °C

4 Seelachsfilet unter fließendem kalten Wasser abspülen, trocken tupfen und in 4 gleich große Stücke teilen. Fisch mit Salz und Pfeffer bestreuen. Vier Bögen Back- oder Butterbrotpapier auf der Arbeitsfläche ausbreiten. Den Porree gleichmäßig mittig darauf verteilen und je 1 Fischstück darauflegen.

5 Tomaten abspülen, abtrocknen, halbieren und die Stängelansätze herausschneiden. Tomaten in Stücke schneiden. Petersilie abspülen und trocken tupfen. Die Blättchen von den Stängeln zupfen. Blättchen grob hacken, mit Tomatenstücken und Röstzwiebeln mischen, auf dem Fisch verteilen.

6 Fisch und Gemüse in dem Papier so einpacken, dass der Falzrand oben liegt. Dazu die gegenüberliegenden Seiten der Papierbögen jeweils oben zueinander führen und wie eine Ziehharmonika nach unten falten. An den Seiten die Päckchen wie bei einem Bonbon zusammendrehen, mit Küchengarn zusammenbinden.

7 Die Päckchen auf ein Backblech legen. Das Backblech in den vorgeheizten Backofen schieben. Seelachsfilet **20–25 Minuten garen.**

8 Jeweils 1 Seelachsfilet-Päckchen auf einen Teller legen. Die Päckchen öffnen und den Fisch sofort servieren.

Zubereitungszeit: 25 Minuten, ohne Auftauzeit • Garzeit: 20–25 Minuten
4 Portionen • Pro Portion: E: 37 g, F: 11 g, Kh: 7 g, kJ: 1147, kcal: 273, BE: 0,5

Pro Portion etwa **1,45 €**

Servieren Sie Pellkartoffeln (1 kg, etwa 1,20 €) dazu.

Statt Back- oder Butterbrotpapier kann auch Alufolie verwendet werden.

Wenn es etwas Besonderes sein soll

Linsen-Fisch-Auflauf

500 g TK-Pangasius- oder Tilapiafilet • 2 Stangen Porree • 2 EL Speiseöl, z. B. Sonnen-blumenöl • 1 Dose Linsen mit Suppengrün (Einwaage 800 g) • 4 Scheiben Weizen-Toast-brot (je 25 g) • 30 g Butter • 100 g Schinkenwürfel (aus der Kühltheke) • 1 Pck. Dr. Oetker Finesse Geriebene Zitronenschale • 1 EL gemischte TK-Kräuter • Salz • frisch gemahlener Pfeffer

1 Fischfilet nach Packungsanleitung auftauen lassen.

2 Porree putzen. Die Stangen längs halbieren. Porree gründlich waschen, abtropfen lassen und in feine Streifen schneiden. Speiseöl in einem Topf erhitzen. Porree unter Rühren darin andünsten. Linsen mit der Flüssigkeit unterrühren und erhitzen. Linsen-Porree-Mischung mit Salz abschmecken.

3 Den Backofen vorheizen.
Ober-/Unterhitze: etwa 200 °C
Heißluft: etwa 180 °C

4 Toastbrot entrinden und zerbröseln. Butter in einer Pfanne zerlassen. Die Brotbrösel darin goldbraun rösten. Schinkenwürfel, Zitronenschale und Kräuter unterrühren.

5 Fischfilet unter fließendem kalten Wasser abspülen, trocken tupfen und in 4 gleich große Stücke teilen. Fisch mit Salz und Pfeffer bestreuen.

6 Die Linsen-Porree-Mischung in eine flache Auflaufform geben. Die Filet-stücke darauflegen und die Brot-Schinken-Mischung darauf verteilen. Die Form auf dem Rost in den vorgeheizten Backofen schieben. Den Auflauf **etwa 20 Minuten garen.**

Heben Sie statt der Porreestangen 2 abgezogene, entkernte, in Würfel geschnittene Fleischtomaten und einige in Ringe geschnittene Frühlingszwiebeln unter die Linsen. Die Frühlingszwiebeln brauchen nicht vorher angedünstet zu werden.

Zubereitungszeit: 35 Minuten, ohne Auftauzeit • Garzeit: etwa 20 Minuten
4 Portionen • Pro Portion: E: 38 g, F: 16 g, Kh: 40 g, kJ: 1938, kcal: 463, BE: 3,0

102 | Fischgerichte

Pro Portion etwa **1,90 €**

Einfach

Fisch Caprese

4 Scheiben TK-Seelachsfilet (je etwa 150 g) • 4 mittelgroße Tomaten • 2 kleine Zucchini • 250 g Mozzarella-Käse • Salz • frisch gemahlener Pfeffer • 1–2 TL getrocknete, italienische Kräuter • 4 EL Olivenöl • einige Stängel Basilikum

1 Seelachsfilet nach Packungsanleitung auftauen lassen.

2 Den Backofen vorheizen.
Ober-/Unterhitze: etwa 200 °C
Heißluft: etwa 180 °C

3 Tomaten abspülen, trocken tupfen, halbieren und die Stängelansätze herausschneiden. Tomaten in Scheiben schneiden.

4 Zucchini abspülen, abtrocknen und die Enden abschneiden. Zucchini in etwa ½ cm dicke Scheiben schneiden. Mozzarella abtropfen lassen und in 12 Scheiben schneiden.

5 Die Hälfte der Tomaten-, Zucchini- und Mozzarella-Scheiben dachziegelartig in eine flache Auflaufform (gefettet) schichten, mit Salz, Pfeffer und mit der Hälfte der Kräuter bestreuen, mit 2 Esslöffeln Olivenöl beträufeln.

6 Fisch unter fließendem kalten Wasser abspülen, trocken tupfen, mit Salz und Pfeffer bestreuen. Fischfilet auf die Gemüse-Käse-Mischung legen.

7 Restliche Tomaten-, Zucchini- und Mozzarella-Scheiben dachziegelartig darauflegen, mit Salz, Pfeffer und den restlichen Kräutern bestreuen, mit dem restlichen Olivenöl beträufeln.

8 Die Form auf dem Rost auf mittlerer Einschubleiste in den vorgeheizten Backofen schieben. Fisch Caprese **12–15 Minuten garen.**

9 Basilikum abspülen und trocken tupfen. Die Blättchen von den Stängeln zupfen und fein hacken. Fisch Caprese mit Basilikum bestreut servieren.

Reis (siehe Seite 80) oder Kartoffelpüree (siehe Seite 74) schmecken sehr gut dazu.

Zubereitungszeit: 30 Minuten, ohne Auftauzeit • Garzeit: 12–15 Minuten
4 Portionen • Pro Portion: E:41 g, F: 25 g, Kh: 4 g, kJ: 1719, kcal: 412, BE: 0,0

Pro Portion etwa **1,30 €**

Für Kinder

Gebratenes Seelachsfilet

4 Scheiben TK-Seelachsfilet (je etwa 150 g) • 40 g Weizenmehl • 100 g Semmelbrösel •
1 Ei (Größe M) • 2 EL kaltes Wasser • etwas Salz • frisch gemahlener Pfeffer •
5 EL Speiseöl, z. B. Olivenöl
Zum Garnieren: einige Scheiben von 1 Bio-Zitrone (unbehandelt, ungewachst)

1 Seelachsfilet nach Packungsanleitung auftauen lassen.

2 Seelachsfilet unter fließendem kalten Wasser abspülen und trocken tupfen. Mehl und Semmelbrösel in je zwei tiefe Teller geben.

3 Ei mit Wasser in einem tiefen Teller verschlagen. Die Filets mit Salz und Pfeffer bestreuen und zuerst in Mehl wenden. Dann die Filets durch das verschlagene Ei ziehen, am Schüsselrand etwas abstreifen und zuletzt in Semmelbröseln wenden. Die Panade etwas andrücken.

4 Speiseöl in einer großen, beschichteten Pfanne erhitzen. Fischfilets darin von jeder Seite 3–4 Minuten goldbraun braten, herausnehmen und kurz auf Küchenpapier abtropfen lassen.

5 Zum Garnieren die Zitrone heiß abwaschen, abtrocknen und in dünne Scheiben schneiden. Die Fischfilets mit den Zitronenscheiben garniert servieren.

Servieren Sie Kartoffelsalat (siehe Seite 30) oder Kartoffelpüree (siehe Seite 74) und grünen Salat (siehe Seite 34) dazu.

Zubereitungszeit: 20 Minuten, ohne Auftauzeit
4 Portionen • Pro Portion: E: 32 g, F: 16 g, Kh: 24 g, kJ: 1545, kcal: 369, BE: 2,0

Pro Portion etwa **0,90 €**

Etwas Besonderes

Pikante Fischrouladen in Tomatensauce

4 Scheiben TK-Seelachsfilet (je etwa 150 g) • Saft von ½ Zitrone • Salz •
4 gestr. TL mittelscharfer Senf • 1 EL gehackte TK-Petersilie • 4 kleine Scheiben Gouda-Käse
(etwa 100 g) • 4 kleine Gewürzgurken • 20 g Butter • 200 ml Gemüsebrühe
Für die Sauce: 1 Dose stückige Tomaten (400 g) • Salz • frisch gemahlener Pfeffer •
1 TL gerebelter Oregano • ½ TL Zucker
Außerdem: 8 Holzstäbchen oder Küchengarn

1 Seelachsfilet nach Packungsanleitung auftauen lassen.

2 Die Fischfilets unter fließendem kalten Wasser abspülen, trocken tupfen, mit Zitronensaft beträufeln und mit Salz bestreuen. Die Filets (mit der silbrig glänzenden Seite nach unten) auf eine Arbeitsfläche legen und dünn mit Senf bestreichen. Petersilie daraufstreuen.

3 Käse und Gurken in schmale Streifen schneiden, gleichmäßig auf den Fischfilets verteilen. Die Filets vorsichtig von der schmalen Seite her aufrollen und mit je zwei Holzstäbchen feststecken oder mit Küchengarn verschnüren.

4 Butter in einer großen Pfanne zerlassen. Die Fischrouladen vorsichtig von allen Seiten darin anbraten. Gemüsebrühe hinzugießen und zum Kochen bringen. Die Fischrouladen bei schwacher Hitze in etwa 7 Minuten gar ziehen lassen, dabei die Fischrouladen 1-mal vorsichtig wenden.

5 Die garen Rouladen herausnehmen, auf eine vorgewärmte Platte legen und zugedeckt warm stellen.

6 Für die Sauce den Fischsud 2–4 Minuten kochen lassen, sodass die Sauce um etwa die Hälfte einkocht. Stückige Tomaten unterrühren, kurz aufkochen. Die Sauce mit Salz, Pfeffer, Oregano und Zucker würzen, noch etwa 3 Minuten köcheln lassen. Die Fischrouladen mit der Sauce servieren.

Sehr lecker schmeckt Reis (siehe Seite 80) dazu.

Zubereitungszeit: 25 Minuten, ohne Auftauzeit • Garzeit: etwa 10 Minuten
4 Portionen • Pro Portion: E: 36 g, F: 13 g, Kh: 6 g, kJ: 1218, kcal: 290, BE: 0,5

Pro Portion etwa **1,30 €**

Einfach und beliebt

Frikadellen mit Mischgemüse

Für die Frikadellen: 1 Brötchen (Semmel) vom Vortag • 2 Zwiebeln • 1–2 EL Sonnenblumenöl • 500 g Gehacktes (halb Rind-, halb Schweinefleisch) • 1 Ei (Größe M) • Salz • frisch gemahlener Pfeffer • Paprikapulver edelsüß
Für das Mischgemüse: 500 g Möhren • 40 g Butter • 100 ml Wasser oder Gemüsebrühe • Salz • 250 g TK-Erbsen • frisch gemahlener Pfeffer • 1 EL gehackte Petersilie

1 Für die Frikadellen Brötchen in kaltem Wasser einweichen. Zwiebeln abziehen und fein würfeln. Öl in einer Pfanne erhitzen. Die Zwiebelwürfel darin unter Rühren glasig dünsten, dann aus der Pfanne nehmen, auf Küchenpapier abtropfen und etwas abkühlen lassen.

2 Brötchen gut ausdrücken, mit Gehacktem, Zwiebelwürfeln und Ei vermengen. Masse mit Salz, Pfeffer und Paprikapulver würzen. Aus der Masse mit angefeuchteten Händen 8 Frikadellen formen.

3 Öl in der Pfanne erhitzen. Die Frikadellen von beiden Seiten unter gelegentlichem Wenden bei mittlerer Hitze 10–15 Minuten braun und gar braten.

4 In der Zwischenzeit für das Mischgemüse Möhren putzen, schälen, abspülen, abtropfen lassen und in dünne Scheiben schneiden. Butter in einem Topf zerlassen. Die Möhrenscheiben darin 2–3 Minuten andünsten. Wasser oder Brühe hinzugießen, mit wenig Salz würzen. Die Möhren etwa 5 Minuten zugedeckt garen, dabei gelegentlich umrühren.

5 Dann die Erbsen hinzufügen. Das Gemüse weitere etwa 5 Minuten dünsten, mit Salz und Pfeffer abschmecken und Petersilie unterrühren.

🍴➕ Servieren Sie Kartoffelpüree (siehe Seite 74) dazu.

🔄 Für Frikadellen mit Schafskäsefüllung (im Foto unten, Pro Portion: etwa 1,15 €) in die Hackmasse zusätzlich 1 Teelöffel gerebelten Thymian geben. 200 g Schafskäse in 8 gleich große Würfel schneiden. Aus der Hackmasse 8 flache Fladen formen, jeweils 1 Stück Käse daraufgeben, mit der Masse umschließen. Frikadellen wie im Rezept beschrieben braten. Dazu schmeckt ein Tomatensalat (siehe Seite 31) sehr lecker.

Zubereitungszeit: 40 Minuten, ohne Abkühlzeit • Garzeit: 10–15 Minuten
4 Portionen • Pro Portion: E: 32 g, F: 37 g, Kh: 21 g, kJ: 2275 , kcal: 543, BE: 1,0

Pro Portion etwa **1,20 €**

Ein Fleischklassiker

Kasseler Rippenspeer

1 Zwiebel • 1 Tomate • 1 Bund Suppengrün (Sellerie, Möhren, Porree) • 1½ kg Kasseler (Kotelettstück, Knochen vom Metzger herauslösen und zerkleinern lassen) • 1 Lorbeerblatt • 400 ml heißes Wasser • evtl. dunkler Saucenbinder • Salz • frisch gemahlener Pfeffer

1 Den Backofen vorheizen.
Ober-/Unterhitze: etwa 200 °C
Heißluft: etwa 180 °C

2 Zwiebel abziehen, würfeln. Tomate abspülen, abtropfen lassen, vierteln und den Stängelansatz herausschneiden. Sellerie und Möhren putzen, schälen, abspülen und abtropfen lassen. Porree putzen, die Stange längs halbieren, gründlich waschen und abtropfen lassen. Suppengrün fein würfeln.

3 Kasseler und Knochen unter fließendem kalten Wasser abspülen, trocken tupfen. Die Fettschicht gitterförmig einschneiden. Das Fleisch mit der Fettschicht nach oben in einen mit Wasser ausgespülten Bräter legen. Suppengrün, Zwiebel, Tomate, Lorbeerblatt und Knochen zugeben.

4 Den Bräter ohne Deckel auf dem Rost im unteren Drittel in den vorgeheizten Backofen schieben. Fleisch **etwa 50 Minuten garen.** Wenn der Bratensatz bräunt, etwas von dem heißen Wasser zugeben. Verdampfte Flüssigkeit nach und nach durch heißes Wasser ersetzen. Das Fleisch ab und zu mit Bratensatz begießen.

5 Gegartes Fleisch und Knochen aus dem Bräter nehmen. Das Fleisch etwa 10 Minuten zugedeckt ruhen lassen, damit sich der Fleischsaft setzt.

6 Für die Sauce den Bratensatz mit etwas Wasser loskochen. Bratensatz mit dem Gemüse durch ein Sieb streichen und auf der Kochstelle erneut zum Kochen bringen. Die Sauce nach Belieben mit Saucenbinder andicken und kurz aufkochen lassen. Fleisch in Scheiben schneiden und auf einer vorgewärmten Platte anrichten. Die Sauce mit Salz und Pfeffer abschmecken und zu dem Fleisch servieren.

Servieren Sie das Kasseler auf Sauerkraut (1 Dose 850 ml, Pro Portion: etwa 2,20 €) und dazu Salzkartoffeln (siehe Seite 72) oder Kartoffelpüree (siehe Seite 74).

Zubereitungszeit: 20 Minuten • Garzeit: etwa 50 Minuten
6 Portionen • Pro Portion: E: 36 g, F: 17 g, Kh: 5 g, kJ: 1317, kcal: 314, BE: 0,0

Pro Portion etwa 1,90 €

Mit Alkohol

Puten-Champignon-Gulasch

600 g Putenbrustfilet • 250 g Champignons • 1 Stange Porree (Lauch, etwa 200 g) • 4 EL Sonnenblumenöl • Salz • frisch gemahlener Pfeffer • 250 ml (¼ l) Geflügelbrühe • 70 ml Weißwein • 100 g Schlagsahne • 1 TL Weizenmehl • 1 EL Sojasauce

1 Putenbrustfilet unter fließendem kalten Wasser abspülen, trocken tupfen und in etwa 2 cm große Würfel schneiden.

2 Champignons putzen, mit Küchenpapier abreiben, evtl. abspülen, gut abtropfen lassen. Große Champignons halbieren. Porree putzen. Stange längs halbieren, gründlich waschen, abtropfen lassen, in Streifen schneiden.

3 Etwa 2 Esslöffel Öl in einer großen Pfanne erhitzen. Putenbrustfiletwürfel portionsweise darin von allen Seiten anbraten. Fleisch mit Salz und Pfeffer würzen, aus der Pfanne nehmen.

4 Restliches Öl in dem verbliebenen Bratfett der Pfanne erhitzen. Champignons und Porree darin unter Rühren andünsten, dann herausnehmen.

5 Brühe und Wein in die Pfanne gießen, den Bratensatz loskochen. Das Ganze etwas einkochen lassen. Dann die Putenbrustwürfel und das Champignon-Porree-Gemüse wieder in die Pfanne geben. Zutaten zum Kochen bringen und zugedeckt bei mittlerer Hitze etwa 10 Minuten garen.

6 Sahne mit Mehl anrühren und unterrühren. Gulasch unter Rühren kurz aufkochen und etwa 5 Minuten köcheln lassen. Gulasch mit Salz, Pfeffer und Sojasauce abschmecken und servieren.

🍴➕ Wir empfehlen Ihnen, dazu Reis (siehe Seite 80) oder Spätzle (siehe Seite 83) zu reichen.

🍲 Das Puten-Champignon-Gulasch schmeckt natürlich auch ohne Weißwein. Erhöhen Sie dann die Menge der Geflügelbrühe.

Zubereitungszeit: 30 Minuten • Garzeit: etwa 15 Minuten
4 Portionen • Pro Portion: E: 39 g, F: 20 g, Kh: 4 g, kJ: 1525, kcal: 365, BE: 0,5

114 | Fleisch in Bestform

Pro Portion etwa **1,75 €**

Beliebt bei Groß und Klein

Gefüllte Paprikaschoten

4 Paprikaschoten (je etwa 150 g) • 250 g Gemüsezwiebeln • 500 g Tomaten • 6 EL Olivenöl • 400 g Gehacktes (halb Rind-, halb Schweinefleisch) • 1 EL Tomatenmark • Salz • frisch gemahlener Pfeffer • etwa 375 ml (3/8 l) Gemüsebrühe • 1 EL Tomatenmark • 15 g Weizenmehl • 6 EL Schlagsahne • ½ TL getrockneter, gerebelter Oregano • etwas Zucker

1 Am Stielende der Paprikaschoten einen Deckel abschneiden. Kerne und weiße Scheidewände entfernen. Die Schoten innen und außen abspülen, abtropfen lassen. Gemüsezwiebeln abziehen, halbieren und würfeln. Tomaten waschen, abtrocknen, halbieren, entkernen und die Stängelansätze herausschneiden. Die Hälfte der Tomaten würfeln.

2 Zwei Esslöffel Öl in einer Pfanne erhitzen. Die Hälfte der Zwiebelwürfel kurz darin dünsten. Gehacktes unter Rühren darin anbraten, dabei die Klümpchen mit einer Gabel zerdrücken. Tomatenwürfel und Tomatenmark unterrühren, mit Salz und Pfeffer würzen. Die Masse etwas abkühlen lassen, dann in die Schoten füllen. Die Paprikadeckel wieder auflegen.

3 Die restlichen Tomaten in Stücke schneiden. Das restliche Öl in einem großen Topf erhitzen. Die restlichen Zwiebelwürfel kurz darin andünsten. Die Paprikaschoten nebeneinander in den Topf stellen. Tomatenstücke und 375 ml (3/8 l) Gemüsebrühe zugeben. Die Schoten mit Deckel bei schwacher Hitze in etwa 50 Minuten gar dünsten. Anschließend die Paprikaschoten aus dem Topf nehmen und warm stellen.

4 Für die Sauce die Garflüssigkeit mit den Tomatenstücken und Zwiebeln durch ein Sieb streichen. 375 ml (3/8 l) abmessen, evtl. mit Gemüsebrühe ergänzen. Tomatenmark unterrühren. Sauce zum Kochen bringen. Mehl mit Sahne verrühren, in die Sauce rühren. Sauce etwa 10 Minuten schwach kochen lassen, gelegentlich umrühren.

5 Die Sauce mit Salz, Pfeffer, Oregano und Zucker würzen, zu den gefüllten Paprikaschoten servieren.

Zubereitungszeit: 40 Minuten • Garzeit: etwa 50 Minuten
4 Portionen • Pro Portion: E: 23 g, F: 38 g, Kh: 18 g, kJ: 2121, kcal: 506, BE: 0,5

Pro Portion etwa **1,60 €**

🍴➕ Reichen Sie Reis (siehe Seite 80) oder Salzkartoffeln (siehe Seite 72) dazu.

🍲 Sie können die Paprikaschoten auch zugedeckt im vorgeheizten Backofen (bei Ober-/Unterhitze: etwa 200 °C, Heißluft: etwa 180 °C) etwa 50 Minuten garen.

Schnell gemacht – mit Alkohol

Geschnetzeltes mit Frischkäse

500 g Schweinefleisch (Schnitzelfleisch) • 1 Glas Champignons in Scheiben (Abtropfgewicht 200 g) • 1 Zwiebel • ½ Bund Frühlingszwiebeln • 2 EL Speiseöl, z. B. Olivenöl • Salz • frisch gemahlener Pfeffer • 150 ml Gemüsebrühe • 200 g Schlagsahne • 125 g Doppelrahm-Frischkäse • 75 ml trockener Weißwein • evtl. 1 TL Currypulver

1 Schnitzelfleisch mit Küchenpapier trocken tupfen und in dünne Streifen schneiden. Champignonscheiben in einem Sieb abtropfen lassen.

2 Zwiebel abziehen und fein würfeln. Frühlingszwiebeln putzen, abspülen, abtropfen lassen und schräg in dünne Ringe schneiden.

3 Etwas Speiseöl in einer großen Pfanne erhitzen. Die Fleischstreifen in 2 Portionen darin anbraten, mit Salz und Pfeffer bestreuen, aus der Pfanne nehmen. Zwiebel im verbliebenen Bratenfett andünsten.

4 Brühe und Sahne einrühren, zum Kochen bringen. Champignons und Frühlingszwiebelringe hinzufügen. Frischkäse und Wein unterrühren und erwärmen. Fleischstreifen wieder hinzufügen, kurz erwärmen. Das Geschnetzelte nochmals mit Salz, Pfeffer und evtl. Currypulver abschmecken.

Nudeln (siehe Seite 82) oder Reis (siehe Seite 80) und ein Salat schmecken sehr gut dazu.

Beim Fleischkauf sollten Sie auf Sonderangebote achten. Diese sind meist günstiger als die „Niedrigpreise" beim Discounter.
Garnieren Sie das Geschnetzelte zum Servieren mit Kräuterblättchen.
Statt Wein zu verwenden, können Sie auch die Menge der Gemüsebrühe entsprechend erhöhen.

Zubereitungszeit: 30 Minuten • 4 Portionen

Pro Portion: E: 34 g, F: 33 g, Kh: 5 g, kJ: 1979, kcal: 473, BE: 0,0

Pro Portion etwa **1,70 €**

Fürs Monatsende

Hackbraten auf Kartoffelgratin

1 Brötchen (Semmel) vom Vortag • 500 g Gehacktes (halb Rind-, halb Schweinefleisch) •
1 Ei (Größe M) • 1 TL mittelscharfer Senf • Salz • frisch gemahlener Pfeffer •
Für das Gratin: 1 kg mehligkochende Kartoffeln • frisch geriebene Muskatnuss •
200 ml Milch

1 Brötchen in kaltem Wasser einweichen. Gehacktes in eine Schüssel geben. Brötchen gut ausdrücken, mit Ei und Senf zum Gehackten geben. Die Zutaten gut vermengen. Die Masse mit Salz und Pfeffer kräftig würzen, mit angefeuchteten Händen zu einem flachen, länglichen Laib formen.

2 Den Backofen vorheizen.
Ober-/Unterhitze: 180–200 °C
Heißluft: 160–180 °C

3 Für das Gratin Kartoffeln schälen, abspülen, abtropfen lassen und in dünne Scheiben hobeln. Kartoffelscheiben mit Salz, Pfeffer und Muskat kräftig würzen.

4 Die Kartoffelscheiben in eine große Auflaufform (gefettet) einschichten. Die Milch zu den Kartoffelscheiben gießen. Die Form auf dem Rost in den vorgeheizten Backofen schieben. Das Gratin **etwa 15 Minuten vorgaren.**

5 Dann in die Mitte des Gratins eine leichte, längliche Vertiefung eindrücken. Den Fleischlaib in die Vertiefung legen. Die Form wieder zurück in den Backofen schieben und das Ganze **weitere etwa 45 Minuten garen.**

6 Den Hackbraten aus der Form nehmen und in Scheiben schneiden. Die Fleischscheiben wieder auf das Gratin legen und servieren.

Bestreuen Sie das Gratin nach etwa 40 Minuten Garzeit mit 100 g geriebenem Käse (Pro Portion: etwa 1,35 €) und garen Sie dann den Hackbraten zu Ende.

Zubereitungszeit: 30 Minuten • Garzeit: etwa 60 Minuten
4 Portionen • Pro Portion: E: 32 g, F: 27 g, Kh: 38 g, kJ: 2196, kcal: 523, BE: 3,0

Pro Portion etwa **1,20 €**

Begeistert Kinder

Hähnchenkeulen

4 Hähnchenkeulen (je etwa 250 g) • ½ TL Salz • 1 Msp. frisch gemahlener Pfeffer •
1 TL Paprikapulver edelsüß • 2–3 EL Speiseöl, z. B. Sonnenblumenöl

1 Den Backofen vorheizen.
Ober-/Unterhitze: etwa 200 °C
Heißluft: etwa 180 °C

2 Die Keulen unter fließendem kalten Wasser abspülen, trocken tupfen.

3 Salz, Pfeffer und Paprikapulver mit Öl verrühren. Die Hähnchenkeulen
damit einreiben und in eine Fettpfanne legen. Die Fettpfanne auf der mittleren
Einschubleiste in den vorgeheizten Backofen schieben und die Hähnchenkeulen
etwa 45 Minuten braten.

Wir empfehlen dazu Kartoffelsalat (siehe Seite 77) oder Bratkartoffeln
(siehe Seite 79).

Nach Belieben die Hähnchenkeulen nach etwa 35 Minuten Bratzeit
mit dem ausgetretenen Bratenfett bestreichen und mit 1–2 Teelöffeln Sesam-
samen bestreuen.

Für paniere Hähnchenkeulen (Pro Portion: etwa 0,95 €) die Hähnchenkeulen wie in Punkt 2 beschrieben vorbereiten. Hähnchenkeulen mit Salz,
Pfeffer und Paprikapulver edelsüß einreiben. 1–2 Esslöffel gemischte, gehackte TK-Kräuter mit 6 Esslöffeln Semmelbröseln mischen. Die Hähnchenkeulen zunächst in Weizenmehl, dann in 1 verschlagenen Ei und zuletzt in
der Semmelbrösel-Kräuter-Mischung wenden. Die Panade gut andrücken,
nicht anhaftende Panade leicht abschütteln. Die Keulen in eine Fettpfanne
geben, mit 3–4 Esslöffeln Speiseöl beträufeln und wie im Rezept beschrieben braten.

Zubereitungszeit: 10 Minuten • Bratzeit: etwa 45 Minuten
4 Portionen • Pro Portion: E: 34 g, F: 21 g, Kh: 0 g, kJ: 1369, kcal: 327, BE: 0,0

Titelrezept – Raffiniert

Hähnchenbrust mit Mozzarella

4 Hähnchenbrustfilets ohne Haut (je etwa 150 g) • Salz • gemahlener Pfeffer •
2 große Tomaten • 125 g Mozzarella • 3 EL Speiseöl, z. B. Sonnenblumenöl •
einige Basilikumblättchen

1 Den Backofengrill (etwa 240 °C) vorheizen. Hähnchenbrustfilets unter fließendem kalten Wasser abspülen und trocken tupfen. Filets mit Salz und Pfeffer würzen.

2 Tomaten waschen, abtrocknen, die Stängelansätze herausschneiden und Tomaten jeweils in 4 Scheiben schneiden. Mozzarella abtropfen lassen und in 8 Scheiben schneiden.

3 Öl in einer backofengeeigneten Pfanne erhitzen. Die Hähnchenbrustfilets darin in etwa 10 Minuten von beiden Seiten braten.

4 Jedes Filet zuerst mit je 2 Tomatenscheiben belegen und mit Pfeffer bestreuen. Dann mit je 2 Mozzarellascheiben belegen und wieder mit Pfeffer bestreuen.

5 Die Pfanne auf dem Rost unter den vorgeheizten Grill in den Backofen schieben und die Filets 5–10 Minuten übergrillen, bis der Käse zerläuft (ist keine backofengeeignete Pfanne vorhanden, dann die Filets nach dem Anbraten in eine Auflaufform umfüllen).

6 Die übergrillten Filets vor dem Servieren mit Basilikumblättchen garnieren.

Servieren Sie dazu Reis (siehe Seite 80) und einen Tomatensalat (siehe Seite 31).

Wenn Sie keinen Backofengrill haben, die Pfanne (Auflaufform) bei etwa 220 °C (Ober-/Unterhitze) oder etwa 200 °C (Heißluft) auf dem Rost in den vorgeheizten Backofen schieben und 5–10 Minuten überbacken, bis der Käse zerläuft.

Zubereitungszeit: 30 Minuten • 4 Portionen

Pro Portion: E: 42 g, F: 9 g, Kh: 1 g, kJ: 1076, kcal: 257, BE: 0,0

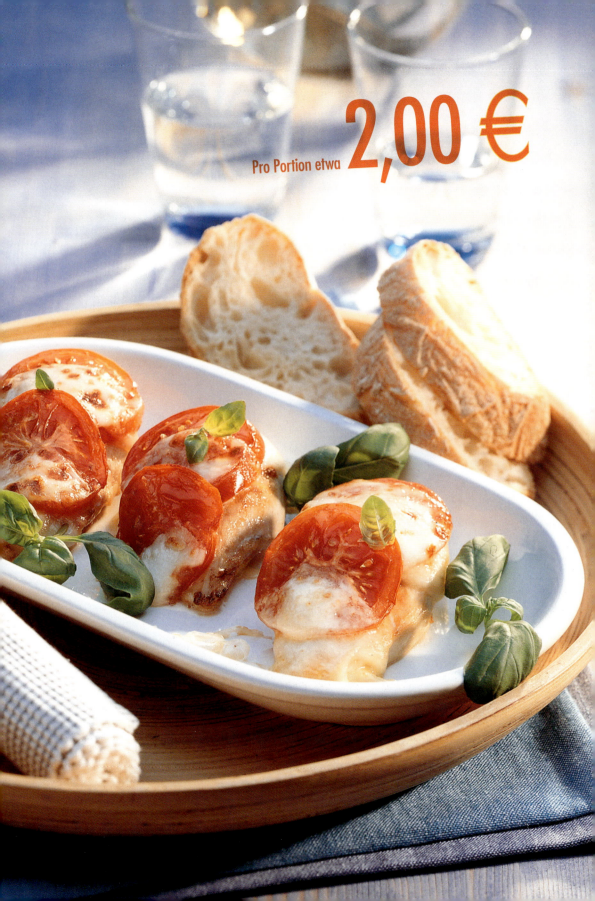
Pro Portion etwa 2,00 €

Purer Fleischgenuss

Schweinebraten mit Kräuter-Senf-Hülle

800 g Schweinenacken ohne Knochen • Salz • frisch gemahlener Pfeffer •
2 EL Sonnenblumenöl • 1 Zwiebel • 1 Knoblauchzehe • 2–3 EL mittelscharfer Senf •
25 g TK-Kräuter der Provence • 150 ml heiße Fleisch- oder Gemüsebrühe •
500 g Suppengrün (Möhren, Porree, Sellerie) • 20 g Butter • 125 ml (1/8 l) Gemüsebrühe
Nach Belieben: 1 TL Speisestärke • 1–2 EL Wasser

1 Den Backofen vorheizen.
Ober-/Unterhitze: etwa 200 °C
Heißluft: etwa 180 °C

2 Schweinenacken mit Küchenpapier trocken tupfen. Das Fleisch mit Salz und Pfeffer würzen. Sonnenblumenöl in einem Bräter erhitzen. Das Fleisch darin rundherum gut anbraten.

3 Zwiebel und Knoblauch abziehen und fein würfeln, mit Senf und Kräutern verrühren. Den Braten oben und an den Seiten mit der Senf-Kräuter-Mischung einstreichen.

4 Den Bräter auf dem Rost in den vorgeheizten Backofen schieben. Das Fleisch **etwa 15 Minuten garen.** Dann die Fleischbrühe hinzugießen. Den Bräter zurück in den Backofen schieben. Braten weitere **etwa 35 Minuten garen.** Verdampfte Flüssigkeit nach und nach durch heiße Brühe ersetzen.

5 In der Zwischenzeit Suppengrün putzen. Dazu Sellerie schälen. Möhren putzen und schälen. Sellerie und Möhren abspülen, abtropfen lassen. Porree putzen. Die Stange längs halbieren, gründlich waschen, abtropfen lassen.

6 Vorbereitetes Suppengrün in dünne Streifen schneiden. Etwa 15 Minuten vor dem Ende der Garzeit Butter in einem Topf zerlassen. Zuerst die Möhren- und Selleriestreifen darin andünsten, dann die Porreestreifen. Gemüsebrühe hinzugießen. Gemüse zugedeckt etwa 5 Minuten dünsten, mit Salz und Pfeffer abschmecken.

Zubereitungszeit: 35 Minuten • Garzeit: etwa 60 Minuten
4 Portionen • Pro Portion: E: 44 g, F: 27 g, Kh: 6 g, kJ: 1856, kcal: 445, BE: 0,0

Pro Portion etwa **1,60 €**

7 Den garen Braten aus dem Bräter nehmen und warm stellen. Sauce zum Kochen bringen. Nach Belieben Speisestärke mit Wasser anrühren und in die Sauce rühren. Die Sauce aufkochen lassen, mit Salz und Pfeffer abschmecken. Kräuter-Senf-Braten in Scheiben schneiden, mit Sauce und Gemüse servieren.

Reichen Sie einen grünen Salat (siehe Seite 34) oder Spätzle (siehe Seite 83) dazu.

Für Kinder

Hick-Hack-Pfanne

200 g Zucchini • 1 Knoblauchzehe • 1 Dose abgezogene Tomaten (400 g) • 2 Stängel Thymian • 2 EL Sonnenblumenöl • 500 g Gehacktes (halb Rind-, halb Schweinefleisch) • Salz • frisch gemahlener Pfeffer • 2 EL Tomatenketchup

1 Zucchini abspülen, abtrocknen und die Enden abschneiden. Zucchini in dünne Scheiben schneiden. Knoblauch abziehen und fein hacken.

2 Tomaten in einem Sieb abtropfen lassen und in kleine Stücke schneiden. Thymian abspülen, trocken tupfen. Die Blättchen von den Stängeln zupfen.

3 Öl in einer großen Pfanne erhitzen. Gehacktes und Knoblauch hinzufügen und unter Rühren anbraten, dabei die Klümpchen mit einer Gabel zerdrücken, mit Salz und Pfeffer würzen.

4 Zucchini hinzufügen und kurz mitbraten lassen. Tomatenstücke und Thymianblättchen hinzufügen und unter Rühren erwärmen. Hick-Hack-Pfanne mit Salz, Pfeffer und Ketchup abschmecken.

Dazu schmecken Nudeln oder Spätzle (siehe Seite 82/83) oder frisch aufgebackenes Ciabatta-Brot (300 g, etwa 1,- €).

Die Hick-Hack-Pfanne können Sie bereits am Vortag zubereiten. Sie schmeckt auch wieder aufgewärmt sehr gut.
Statt der Zucchini können Sie etwa 200 g geputzte, in Scheiben geschnittene Champignons und 1 Bund geputzte, in Stücke geschnittene Frühlingszwiebeln verarbeiten. Rühren Sie dann statt des Ketchups 100 ml Gemüse- oder Fleischbrühe unter und lassen das Ganze kurz aufkochen (Pro Portion: etwa 1,40 €).

Zubereitungszeit: 35 Minuten • 4 Portionen

Pro Portion: E: 25 g, F: 26 g, Kh: 5 g, kJ: 1461, kcal: 348, BE: 0,5

Pro Portion etwa 1,00 €

Für Kinder

Quarkauflauf mit Äpfeln

75 g weiche Butter oder Margarine • 125 g Zucker • 1 Pck. Dr. Oetker Vanillin-Zucker • 3 Eier (Größe M) • 1 Prise Salz • 500 g Magerquark • 1 Pck. Dr. Oetker Pudding-Pulver Vanille-Geschmack • 500 g säuerliche Äpfel

1 Den Backofen vorheizen.
Ober-/Unterhitze: etwa 200 °C
Heißluft: etwa 180 °C

2 Butter oder Margarine mit Handrührgerät mit Rührbesen auf höchster Stufe geschmeidig rühren. Nach und nach Zucker, Vanillin-Zucker, Eier, Salz und Quark unterrühren.

3 Pudding-Pulver nach und nach auf mittlerer Stufe unterrühren.

4 Äpfel schälen, vierteln und entkernen. Die Hälfte der Äpfel in kleine Würfel, die andere Hälfte in Spalten schneiden. Apfelwürfel unter die Quark-masse heben.

5 Die Masse in eine große, flache Auflaufform (gefettet, etwa 1,5 l Inhalt) oder 4 kleine Portions-Auflaufformen (gefettet, je etwa 400 ml Inhalt) füllen und glatt streichen.

6 Die Apfelspalten auf dem Auflauf verteilen, evtl. etwas eindrücken. Die Form auf dem Rost in den vorgeheizten Backofen schieben. Den Quark-auflauf **25–35 Minuten garen** (in kleinen Formen braucht der Auflauf etwas weniger Zeit, in einer großen Form etwas länger).

🍲 Wer Rosinen mag, kann noch Rosinen (50 g, etwa 0,20 €) mit den Apfelwürfeln unterheben.
Der Quarkauflauf schmeckt auch gut mit frischen Stachelbeeren.
Bestäuben Sie den Auflauf vor dem Servieren noch mit etwas Puderzucker.

Zubereitungszeit: 25 Minuten • Garzeit: 25–35 Minuten
4 Portionen • Pro Portion: E: 22 g, F: 22 g, Kh: 57 g, kJ: 2178, kcal: 520, BE: 4,5

130 | Süße Mahlzeiten und Desserts

Pro Portion etwa 0,80 €

Schmeckt auch zum Frühstück – Foto

Knusper-Obst-Salat

200 g blaue Weintrauben • 2 Äpfel • 2 Bananen • Saft von 2 Orangen • 2 EL flüssiger Honig • 8 EL (etwa 80 g) Vollkorn-Haferflocken

1 Weintrauben waschen, gut abtropfen lassen, entstielen, halbieren und evtl. entkernen. Äpfel abspülen, abtrocknen, vierteln, entkernen und in Stücke schneiden. Bananen schälen und in dünne Scheiben schneiden.

2 Orangensaft mit 1 Esslöffel Honig verrühren und sofort mit dem vorbereiteten Obst vermischen.

3 Haferflocken in einer Pfanne ohne Fett unter Rühren goldgelb rösten. Salat mit Haferflocken bestreuen, mit dem restlichen Honig beträufeln und sofort servieren.

Zubereitungszeit: 15 Minuten • 4 Portionen
Pro Portion: E: 4 g, F: 2 g, Kh: 48 g, kJ: 972, kcal: 232, BE: 4,0

Ruck, zuck fertig

Pro Portion etwa 0,60 €

Pfirsich-Quark-Speise

1 Dose Pfirsichhälften (Abtropfgewicht 500 g) • 500 g Magerquark • 150 g Joghurt • 2–3 EL Zucker • 1 EL Zitronensaft

1 Pfirsichhälften in einem Sieb abtropfen lassen und in kleine Stücke schneiden. Quark mit Joghurt und Zucker verrühren, mit Zitronensaft abschmecken.

2 Die Hälfte der Quarkmasse in Dessertschälchen geben. Die Pfirsichstücke daraufschichten. Die restliche Quarkmasse darauf verteilen. Die Quarkspeise bis zum Servieren in den Kühlschrank stellen.

Die Quarkspeise statt mit Pfirsichhälften mit Aprikosenhälften zubereiten.

Zubereitungszeit: 10 Minuten • 4 Portionen
Pro Portion: E: 18 g, F: 2 g, Kh: 37 g, kJ: 1034, kcal: 247, BE: 3,0

Süße Mahlzeiten und Desserts

Pro Portion etwa 0,60 €

Kann man auch aufrollen

Pfannkuchen (Eierkuchen)

250 g Weizenmehl • 4 Eier (Größe M) • 1 EL Zucker • 1 Prise Salz • 375 ml (3/8 l) Milch • 125 ml (1/8 l) Mineralwasser (mit Kohlensäure) • etwa 80 g Margarine oder 8 EL Speiseöl, z. B. Sonnenblumenöl

1 Mehl in eine Rührschüssel geben und in die Mitte eine Vertiefung drücken. Eier mit Zucker, Salz, Milch und Mineralwasser verschlagen. Etwas davon in die Vertiefung geben. Von der Mitte aus Eierflüssigkeit und Mehl verrühren. Nach und nach übrige Eierflüssigkeit zugeben, dabei darauf achten, dass keine Klümpchen entstehen. Den Teig 20–30 Minuten ruhen lassen.

2 Etwas Öl in einer beschichteten Pfanne (Ø 24 cm) erhitzen und eine dünne Teiglage mit einer drehenden Bewegung gleichmäßig auf dem Boden der Pfanne verteilen.

3 Sobald die Ränder goldgelb sind, den Pfannkuchen vorsichtig mit einem Pfannenwender wenden oder auf einen Teller gleiten lassen, umgedreht wieder in die Pfanne geben. Die zweite Seite ebenfalls goldgelb backen. Bevor der Pfannkuchen gewendet wird, etwas Fett in die Pfanne geben.

4 Den restlichen Teig auf die gleiche Weise backen, dabei den Teig vor jedem Backen umrühren.

Die Pfannkuchen mit etwas Konfitüre bestrichen und aufgerollt (Pro Portion: etwa 0,55 €) oder mit etwa 500 g frischen Früchten der Saison servieren (Pro Portion: etwa 0,95 €).

Die Pfannkuchen werden zarter und lockerer, wenn Sie die Eier trennen und zuerst nur das Eigelb in den Teig rühren. Das Eiweiß kurz vor dem Backen steif schlagen und unter den Teig heben.
Bereits gebackene Pfannkuchen im Backofen (bei Ober-/Unterhitze: etwa 80 °C oder Heißluft: etwa 60 °C) warm halten.
Die einzelnen Pfannkuchen vor dem Stapeln mit wenig Zucker bestreuen. So kleben sie nicht zusammen. Die erkalteten Pfannkuchen können problemlos eingefroren werden.

Zubereitungszeit: 40 Minuten, ohne Teigruhezeit
8 Stück • Pro Stück: E: 8 g, F: 13 g, Kh: 26 g, kJ: 1078, kcal: 258, BE: 2,0

134 | Süße Mahlzeiten und Desserts

Pro Portion etwa 0,45 €

Erfrischend

Fruchtiger Wackelpeter

1 Beutel aus 1 Pck. Götterspeise Himbeer-Geschmack • 4 EL Zucker • 250 ml (¼ l) Wasser • 250 ml (¼ l) Apfelsaft • 1 mittelgroßer Pfirsich • 1 mittelgroßer Apfel • 1 große Banane *Für den Vanilleschaum:* 100 g Schlagsahne • 250 ml (¼ l) kalte Milch • 1 Pck. Saucenpulver Vanille-Geschmack ohne Kochen (für ¼ l Milch)

1 Götterspeise mit Zucker, Wasser und Saft in einem Topf verrühren. Götterspeise bei schwacher Hitze erwärmen (nicht kochen), bis sie vollständig gelöst ist. Dann die Götterspeise lauwarm abkühlen lassen.

2 Pfirsich und Apfel abspülen, abtrocknen, vierteln, entkernen und in kleine Stücke schneiden. Banane schälen und in Scheiben schneiden. Obststücke in den Gläsern verteilen und die Götterspeise vorsichtig daraufgießen. Die Gläser zugedeckt über Nacht in den Kühlschrank stellen.

3 Für den Vanilleschaum die Sahne steif schlagen. Milch in einen Rührbecher geben. Das Saucenpulver unter ständigem Rühren mit Handrührgerät mit Rührbesen hinzufügen, etwa 1 Minute weiterschlagen. Sahne unterheben und den Vanilleschaum auf der Götterspeise verteilen.

Statt die Vanille-Sauce selbst zu machen, können Sie auch fertige Vanille-Sauce aus dem Kühlregal verwenden.
Der Wackelpeter eignet sich gut ohne den Vanilleschaum für ein Picknick oder zum Mitnehmen. Dann Früchte und Götterspeise in kleine verschließbare Behälter füllen und im Kühlschrank fest werden lassen. Den Wackelpeter in einer Kühltasche transportieren.

Zubereitungszeit: 20 Minuten, ohne Kühlzeit • 4 Portionen

Pro Portion: E: 5 g, F: 10 g, Kh: 46 g, kJ: 1279, kcal: 305 , BE: 4,0

136 | Süße Mahlzeiten und Desserts

Pro Portion etwa **0,40 €**

Bei Kindern beliebt

Milchreis

1 l Milch • 1 Prise Salz • 20 g Zucker • 175 g Milchreis (Rundkornreis)

1 Milch mit Salz und Zucker in einem Topf zum Kochen bringen. Milchreis unterrühren, zum Kochen bringen und bei schwacher Hitze etwa 35 Minuten mit halb aufgelegtem Deckel quellen lassen, gelegentlich umrühren.

2 Den Milchreis heiß oder kalt servieren.

Den Milchreis als süßes Hauptgericht mit 75 g zerlassener, gebräunter Butter und etwas Zimt-Zucker (Pro Portion: etwa 0,50 €) servieren. Als Dessert reicht der Milchreis auch für sechs.

Für Milchreis mit Mandeln (Pro Portion: etwa 0,60 €) 40 g gehobelte Mandeln in einer Pfanne ohne Fett rösten, auf den Reis streuen und mit etwas flüssigem Honig beträufeln.

Zubereitungszeit: 10 Minuten • Garzeit: etwa 35 Minuten • 4 Portionen
Pro Portion: E: 11g, F: 9 g, Kh: 51 g, kJ: 1395, kcal: 333, BE: 4,0

Fürs Monatsende

Arme Ritter

300 ml Milch • 2 Eier (Größe M) • 50 g Zucker • 6 etwa 1½ cm dicke Scheiben Kastenweißbrot (2–5 Tage alt) • 5 EL Speiseöl, z. B. Sonnenblumenöl

1 Milch mit Eiern und Zucker verschlagen. Weißbrotscheiben in eine Schale legen, mit der Eiermilch übergießen und einweichen lassen (dabei 1–2-mal vorsichtig wenden), bis die Milch aufgesogen ist (die Scheiben dürfen nicht zu weich werden).

2 Etwas Öl in einer beschichteten Pfanne zerlassen. Die Brotscheiben darin portionsweise bei mittlerer Hitze von beiden Seiten etwa 8 Minuten knusprig braun braten. Die armen Ritter heiß servieren.

Arme Ritter z. B. mit Apfelmus (1 Glas 720 ml, etwa 0,99 €) oder Zimt-Zucker (40 g, etwa 0,15 €) oder etwas Puderzucker (30 g, etwa 0,15 €) bestäubt servieren.

Zubereitungszeit: 20 Minuten • 6 Stück

Pro Stück: E: 6 g, F: 11 g, Kh: 25 g, kJ: 953, kcal: 228, BE: 2,0

Pro Portion etwa **0,60 €**

Beliebt

Apfel-Rahm-Kuchen

Für den Knetteig: 180 g Weizenmehl • ½ TL Dr. Oetker Backin • 75 g Zucker •
1 Prise Salz • 100 g Butter • 1 Ei (Größe M)

Für den Belag: etwa 800 g Äpfel

Für den Guss: 1 Pck. Gala Pudding-Pulver Bourbon-Vanille • 75 g Zucker •
1 Pck. Dr. Oetker Finesse Geriebene Zitronenschale • 400 g Schlagsahne •
1 Ei (Größe M)

Zum Bestreichen: 2 EL Aprikosenkonfitüre • 1 EL Wasser

1 Für den Teig Mehl mit Backpulver in einer Rührschüssel mischen. Restliche Zutaten hinzufügen und mit Handrührgerät mit Knethaken zunächst kurz auf niedrigster, dann auf höchster Stufe gut durcharbeiten. Anschließend den Teig auf der leicht bemehlten Arbeitsfläche verkneten. Sollte er kleben, ihn in Frischhaltefolie gewickelt eine Zeit lang in den Küchenschrank stellen.

2 Gut die Hälfte des Teiges auf einem Springformboden (Ø 26 cm, gefettet) ausrollen und den Springformrand darumstellen. Den Rest des Teiges zu einer Rolle formen, sie als Rand auf den Boden legen und so an die Form drücken, dass ein etwa 3 cm hoher Rand entsteht.

3 Den Backofen vorheizen.
Ober-/Unterhitze: etwa 180 °C
Heißluft: etwa 160 °C

4 Für den Belag Äpfel schälen, vierteln, die Kerngehäuse entfernen und die Oberfläche der Äpfel mit einem Messer leicht einschneiden. Apfelviertel auf dem Boden verteilen.

5 Für den Guss Pudding-Pulver mit Zucker und Zitronenschale verrühren. Nach und nach die Sahne unter Rühren hinzugießen. Zuletzt das Ei unterrühren. Den Guss gleichmäßig über die Äpfel gießen.

6 Die Form auf dem Rost im unteren Drittel in den vorgeheizten Backofen schieben. Den Kuchen **etwa 60 Minuten backen.**

7 Zum Bestreichen die Form auf einen Kuchenrost stellen. Konfitüre durch ein Sieb streichen und mit dem Wasser in einem kleinen Topf unter Rühren aufkochen lassen. Den Apfel-Rahm-Kuchen sofort nach dem Backen damit bestreichen. Den Kuchen in der Form erkalten lassen.

Zubereitungszeit: 40 Minuten, ohne Kühlzeit • Backzeit: etwa 60 Minuten
Insgesamt: E: 45 g, F: 229 g, Kh: 447 g, kJ: 16948, kcal: 4053, BE: 37,5

Pro Kuchen etwa 3,90 €

8 Vor dem Servieren Springformrand und Springformboden lösen und entfernen. Den Kuchen auf eine Tortenplatte legen.

🐷 Wenn Sie statt Gala-Pudding-Pulver einfaches Vanille-Pudding-Pulver verwenden, sparen Sie etwa 0,15 €.

🍰 Nach Belieben den Tortenrand mit 1 Teelöffel Puderzucker bestäuben (Zusatzkosten: etwa 0,05 €).

Klassiker

Marmorkuchen

Für den Rührteig: 225 g weiche Butter oder Margarine • 200 g Zucker •
1 Pck. Dr. Oetker Vanillin-Zucker • 1 Prise Salz • 4 Eier (Größe M) •
275 g Weizenmehl • 3 gestr. TL Dr. Oetker Backin • etwa 2 EL Milch •
15 g Kakaopulver • 15 g Zucker • etwa 2 EL Milch
Zum Bestäuben: 1 EL Puderzucker

Zubereitungszeit: 30 Minuten • Backzeit: etwa 55 Minuten
Insgesamt: E: 60 g, F: 220 g, Kh: 440 g, kJ: 16980, kcal: 4060, BE: 80,0

1 Den Backofen vorheizen.
Ober-/Unterhitze: etwa 180 °C
Heißluft: etwa 160 °C

2 Für den Teig Butter oder Margarine in einer Rührschüssel mit Handrührgerät mit Rührbesen auf höchster Stufe geschmeidig rühren. Nach und nach Zucker, Vanillin-Zucker und Salz unterrühren. So lange rühren, bis eine gebundene Masse entstanden ist. Eier nach und nach unterrühren (jedes Ei etwa ½ Minute).

3 Mehl mit Backpulver mischen und abwechselnd mit der Milch in 2 Portionen kurz auf mittlerer Stufe unterrühren.

4 Zwei Drittel des Teiges in eine Gugelhupfform (Ø 22 cm, gefettet) füllen. Kakaopulver sieben, mit Zucker und Milch unter den übrigen Teig rühren. Den dunklen Teig auf dem hellen Teig verteilen und eine Gabel spiralförmig leicht durch die Teigschichten ziehen, sodass ein Marmormuster entsteht.

5 Die Form auf dem Rost im unteren Drittel in den vorgeheizten Backofen schieben. Den Kuchen **etwa 55 Minuten backen.**

6 Den Kuchen etwa 10 Minuten in der Form stehen lassen, dann aus der Form lösen, auf einen Kuchenrost stürzen und erkalten lassen.

7 Den Kuchen mit Puderzucker bestäuben.

Verfeinern Sie den Teig mit Rum-Aroma aus dem Röhrchen (Zusatzkosten: etwa 0,20 €).

 Der Kuchen ist auch gefriergeeignet.

142 | Kuchen aus der Form

Pro Kuchen etwa 2,55 €

Fruchtig

Kirschkuchen mit Guss

Zum Vorbereiten: 1 Glas Sauerkirschen (Abtropfgewicht 350 g)
Für den Rührteig: 125 g weiche Butter oder Margarine • 125 g Zucker •
1 Pck. Dr. Oetker Vanillin-Zucker • 1 Prise Salz • 3 Eier (Größe M) •
200 g Weizenmehl • 2 gestr. TL Dr. Oetker Backin • 1 EL Milch
Außerdem: 50 g gehobelte Mandeln
Für den Guss: 1 Pck. ungezuckerter Tortenguss • 250 ml (¼ l) Kirschsaft (aus dem Glas) •
1 TL Zucker

1 Zum Vorbereiten die Kirschen in einem Sieb abtropfen lassen. Dabei
den Saft auffangen und 250 ml (¼ l) davon abmessen.

2 Den Backofen vorheizen.
Ober-/Unterhitze: etwa 180 °C
Heißluft: etwa 160 °C

3 Für den Teig Butter oder Margarine in einer Rührschüssel mit Handrührgerät mit Rührbesen auf höchster Stufe geschmeidig rühren. Nach und
nach Zucker, Vanillin-Zucker und Salz unterrühren. So lange rühren, bis eine
gebundene Masse entstanden ist. Eier nach und nach unterrühren (jedes Ei
etwa ½ Minute).

4 Mehl mit Backpulver mischen. Das Gemisch in 2 Portionen abwechselnd
mit der Milch auf mittlerer Stufe unterrühren.

5 Den Teig in eine Springform (Ø 26 cm, Springformboden gefettet) geben
und glatt streichen. Sauerkirschen darauf verteilen, dabei rundherum einen
etwa 1 cm breiten Rand frei lassen. Mandeln daraufstreuen. Die Form auf
einem Rost im unteren Drittel in den vorgeheizten Backofen schieben. Den
Kuchen **40–50 Minuten backen.**

6 Nach dem Backen die Form auf einen Kuchenrost stellen. Den Kuchen in
der Form etwa 1 Stunde erkalten lassen, dann aus der Form lösen.

7 Für den Guss aus Tortengusspulver, Kirschsaft und Zucker nach Packungsanleitung einen Guss zubereiten. Den Guss löffelweise von der Mitte aus
zügig über die Kirschen geben. Den Kirschkuchen mindestens 30 Minuten in
den Kühlschrank stellen.

Zubereitungszeit: 30 Minuten, ohne Abkühlzeit • Backzeit: 40–50 Minuten
Insgesamt: E: 56 g, F: 156 g, Kh: 390 g, kJ: 13544, kcal: 3235, BE: 32,5

Pro Kuchen etwa **3,20 €**

Einfach – zum Einfrieren geeignet

Rührteig-Kastenkuchen

Für den Rührteig: 250 g weiche Butter oder Margarine • 150 g Zucker •
1 Pck. Dr. Oetker Vanillin-Zucker • 1 Prise Salz • 4 Eier (Größe M) •
300 g Weizenmehl • 4 gestr. TL Dr. Oetker Backin • 2 EL Milch

1 Den Backofen vorheizen.
Ober-/Unterhitze: etwa 180 °C
Heißluft: etwa 160 ° C

2 Für den Teig Butter oder Margarine mit Handrührgerät mit Rührbesen auf höchster Stufe geschmeidig rühren. Nach und nach Zucker, Vanillin-Zucker und Salz unterrühren. So lange rühren, bis eine gebundene Masse entstanden ist. Eier nach und nach unterrühren (jedes Ei etwa ½ Minute).

3 Mehl mit Backpulver mischen und abwechselnd mit der Milch in 2 Portionen kurz auf mittlerer Stufe unterrühren.

4 Den Teig in einer Kastenform (25 x 11 cm, gefettet, gemehlt) verteilen und glatt streichen. Die Form auf dem Rost im unteren Drittel in den vorgeheizten Backofen schieben. Den Kuchen **etwa 60 Minuten backen.** Nach etwa 15 Minuten Backzeit den Kuchen mit einem spitzen Messer der Länge nach in der Mitte etwa 1 cm tief einschneiden.

5 Den Kuchen 10 Minuten in der Form stehen lassen, dann aus der Form lösen und auf einen Kuchenrost stürzen. Kuchen erkalten lassen.

Verfeinern Sie den Kuchen, indem Sie 100 g gehackte Nusskerne (Zusatzkosten: etwa 1,- €) oder 100 g gehackte Schokolade (Zusatzkosten: etwa 0,70 €) zusätzlich unter den Teig heben.
Sie können den Kuchen auch in einer Gugelhupfform (Ø 22–24 cm, gefettet, gemehlt) backen. Geben Sie dann zusätzlich noch 100 g Krokant unter den Teig. Den Kuchen 45–55 Minuten backen (pro Kuchen: etwa 2,90 €).

Der Kuchen kann schon am Vortag gebacken werden. Den ausgekühlten Kuchen gut verpacken und kühl aufbewahren.

Zubereitungszeit: 20 Minuten • Backzeit: etwa 60 Minuten
Insgesamt: E: 60 g, F: 240 g, Kh: 375 g, kJ: 16560, kcal: 3960, BE: 30,0

Pro Kuchen etwa **2,30 €**

Einfach und schnell

Pflaumen-Streusel-Kuchen

Zum Vorbereiten: 125 g Butter • 1 Glas Pflaumen (Abtropfgewicht 385 g)
Für den Streuselteig: 200 g Weizenmehl • 1 gestr. TL Dr. Oetker Backin •
100 g Zucker • 1 Pck. Dr. Oetker Vanillin-Zucker • 1 Prise Salz
Für den Guss: 200 g Schmand (Sauerrahm) • 1 Ei (Größe M) •
1 Pck. Saucenpulver Vanille-Geschmack zum Kochen • 50 g Zucker

1   Zum Vorbereiten Butter bei schwacher Hitze zerlassen und kurz abkühlen lassen. Pflaumen in einem Sieb gut abtropfen lassen.

2   Den Backofen vorheizen.
Ober-/Unterhitze: etwa 180 °C
Heißluft: etwa 160 °C

3   Für den Teig Mehl mit Backpulver in einer Rührschüssel vermischen. Zucker, Vanillin-Zucker, Salz und zerlassene Butter hinzufügen. Die Zutaten mit Handrührgerät mit Rührbesen zunächst kurz auf niedrigster, dann auf höchster Stufe kurz zu feinen Streuseln verarbeiten.

4   Etwa drei Viertel der Streusel in einer Springform (Ø 26 cm, gefettet) verteilen und zu einem Boden andrücken. Pflaumen darauf verteilen.

5   Für den Guss Schmand mit Ei, Saucenpulver und Zucker mit einem Schneebesen verrühren. Guss auf die Pflaumen gießen und mit den restlichen Streuseln bestreuen.

6   Die Form im unteren Drittel auf dem Rost in den vorgeheizten Backofen schieben. Den Kuchen **45–50 Minuten backen.**

7   Die Form auf einen Kuchenrost stellen. Den Kuchen etwa 10 Minuten abkühlen lassen, dann den Springformrand lösen und entfernen. Den Kuchen mit dem Springformboden auf dem Kuchenrost erkalten lassen. Dann den Kuchen vom Springformboden lösen und auf eine Tortenplatte legen.

Zum Rühren eine hohe Schüssel verwenden oder den Rand locker mit Küchenpapier bedecken, damit die Streusel nicht aus der Schüssel springen.

Zubereitungszeit: 15 Minuten • Backzeit: 45–50 Minuten
Insgesamt: E: 34 g, F: 163 g, Kh: 392 g, kJ: 13423, kcal: 3206, BE: 32,5

Pro Kuchen etwa 2,95 €

 Für einen Apfel-Streusel-Kuchen anstelle der Pflaumen 750 g säuerliche Äpfel schälen, vierteln und das Kerngehäuse entfernen. Die Viertel nochmals längs durchschneiden. So sparen Sie etwa 0,45 €.

Backen ohne Waage – zum Einfrieren geeignet

Marmor-Becherkuchen

Für den All-in-Teig: 1 Becher (150 g) saure Sahne • 2 Becher (200 g) Weizenmehl • 3 gestr. TL Dr. Oetker Backin • 1 Becher (150 g) Zucker • 1 Pck. Dr. Oetker Vanillin-Zucker • 3 Eier (Größe M) • gut ½ Pck. (150 g) weiche Butter • 1 leicht geh. EL Kakaopulver
Zum Verzieren: 50 g Zartbitter-Schokolade • 1 TL Speiseöl, z. B. Sonnenblumenöl

1   Den Backofen vorheizen.
Ober-/Unterhitze: etwa 180 °C
Heißluft: etwa 160 °C

2   Für den Teig saure Sahne in ein Schälchen geben, den Becher abwaschen, abtrocknen und zum Abmessen der Zutaten verwenden. Mehl mit Backpulver in einer Rührschüssel vermischen. Zucker, Vanillin-Zucker, Eier, Butter und saure Sahne hinzufügen. Die Zutaten mit Handrührgerät mit Rührbesen erst kurz auf niedrigster, dann auf höchster Stufe in etwa 2 Minuten zu einem glatten Teig verarbeiten.

3   Die Hälfte des Teiges in die Kastenform (25 x 11 cm, gefettet, gemehlt) füllen. Den Kakao auf den restlichen Teig sieben und unterrühren. Den dunklen Teig auf dem hellen Teig verteilen. Eine Gabel spiralförmig durch die Teigschichten ziehen, sodass ein Marmormuster entsteht. Die Form im unteren Drittel auf dem Rost in den vorgeheizten Backofen schieben. Den Kuchen **etwa 50 Minuten backen.**

4   Den Kuchen 10 Minuten in der Form stehen lassen, dann aus der Form lösen und auf einem mit Backpapier belegten Kuchenrost erkalten lassen.

5   Zum Verzieren Schokolade in kleine Stücke brechen und mit Speiseöl in einem kleinen Topf im Wasserbad bei schwacher Hitze unter Rühren schmelzen. Die Schokolade mit einem kleinen Löffel über den Kuchen sprenkeln und fest werden lassen.

Wenn Sie den Kuchen ohne Guss zubereiten, sparen Sie etwa 0,30 €.

Zubereitungszeit: 25 Minuten, ohne Abkühlzeit • Backzeit: etwa 50 Minuten
Insgesamt: E: 52 g, F: 187 g, Kh: 337 g, kJ: 13634, kcal: 3258, BE: 28,0

Kuchen etwa **1,90 €**

Fast schon ein Klassiker

Faule-Weiber-Kuchen

Für den Knetteig: 200 g Weizenmehl • 1 gestr. TL Dr. Oetker Backin •
75 g Zucker • 125 g Butter oder Margarine
Für die Füllung: 750 g Magerquark • 2 Eier (Größe M) • 150 g Zucker •
1 Pck. Dr. Oetker Pudding-Pulver Vanille-Geschmack • 200 g Schmand (Sauerrahm) •
75 ml Speiseöl, z. B. Rapsöl • 150 ml Milch
Zum Bestäuben: 1–2 TL Puderzucker

1 Den Backofen vorheizen.
Ober-/Unterhitze: etwa 180 °C
Heißluft: etwa 160 °C

2 Für den Teig Mehl mit Backpulver in einer Rührschüssel mischen. Restliche Zutaten hinzufügen und mit Handrührgerät mit Knethaken zunächst kurz auf niedrigster, dann auf höchster Stufe gut durcharbeiten.

3 Anschließend den Teig auf der leicht bemehlten Arbeitsfläche kurz verkneten. Sollte er kleben, ihn in Frischhaltefolie gewickelt eine Zeit lang in den Kühlschrank stellen.

4 Dann zwei Drittel des Teiges auf dem Boden einer Springform (Ø 26 cm, gefettet) ausrollen. Den Springformrand darumlegen und den Boden mehrmals mit einer Gabel einstechen. Die Form auf dem Rost auf mittlerer Einschubleiste in den vorgeheizten Backofen schieben. Den Kuchenboden **etwa 15 Minuten vorbacken.**

5 Form auf einen Kuchenrost stellen. Boden etwas abkühlen lassen.

6 Restlichen Teig zu einer Rolle formen, sie auf den vorgebackenen Boden legen und so an die Form drücken, dass ein etwa 3 cm hoher Rand entsteht.

7 Für die Füllung Quark, Eier, Zucker, Pudding-Pulver, Schmand, Speiseöl und Milch geschmeidig rühren, auf dem vorgebackenen Boden verteilen.

8 Die Form auf dem Rost in den vorgeheizten Backofen schieben. Kuchen bei gleicher Backofeneinstellung **weitere etwa 85 Minuten backen.**

9 Die Form auf einen Kuchenrost stellen und den Kuchen in der Form erkalten lassen. Vor dem Servieren mit Puderzucker bestäuben.

Zubereitungszeit: 25 Minuten, ohne Kühl- und Abkühlzeit • Backzeit: etwa 100 Minuten
Insgesamt: E: 146 g, F: 252 g, Kh: 450 g, kJ: 19554, kcal: 4673, BE: 37,5

Pro Kuchen etwa **2,95 €**

Mal was anderes

Zwetschen-Tarte

Für den Knetteig: 150 g Weizenmehl • 1 Prise Salz • 130 g sehr kalte Butter •
1–2 EL kaltes Wasser
Für den Belag: 500 g Zwetschen • ½ Pck. Dr. Oetker Pudding-Pulver Karamell-Geschmack •
250 ml (¼ l) Milch • 2 gestr. EL Zucker
Zum Bestreuen und Bestäuben: 25 g Zucker • 1 gestr. TL gemahlener Zimt •
1–2 TL Puderzucker

1 Für den Teig Mehl und Salz in einer Rührschüssel mischen. Butter und 1 Esslöffel Wasser hinzufügen, mit Handrührgerät mit Knethaken zunächst kurz auf niedrigster, dann auf höchster Stufe gut durcharbeiten, evtl. noch etwas Wasser zugeben, wenn der Teig nicht glatt ist. Dann auf einer leicht bemehlten Arbeitsfläche kurz zu einem glatten Teig verkneten, in Frischhaltefolie gewickelt etwa 1 Stunde in den Kühlschrank stellen.

2 Für den Belag Zwetschen abspülen, abtropfen lassen, entstielen, halbieren und entsteinen. Zwetschenhälften nochmals längs durchschneiden.

3 Pudding-Pulver mit 6 Esslöffeln von der Milch und Zucker verrühren. Restliche Milch in einem Topf zum Kochen bringen, von der Kochstelle nehmen, angerührtes Pudding-Pulver einrühren. Pudding unter Rühren aufkochen lassen. Pudding etwas abkühlen lassen, ab und zu umrühren.

4 Den Backofen vorheizen.
Ober-/Unterhitze: etwa 200 °C
Heißluft: etwa 180 °C

5 Teig und Arbeitsfläche leicht mit Mehl bestäuben. Den Teig zu einer runden Platte (Ø etwa 32 cm) ausrollen. Den Teig in eine Tarteform (Ø etwa 28 cm, gefettet) legen und am Rand andrücken. Eventuell überstehenden Rand abschneiden, auf den Teigboden legen und andrücken. Den Teigboden mit einer Gabel mehrfach einstechen.

6 Die Form auf dem Rost auf mittlerer Einschubleiste in den vorgeheizten Backofen schieben. Den Tarteboden **etwa 10 Minuten vorbacken.** Dann die Form auf einen Kuchenrost stellen. Teigboden kurz abkühlen lassen.

Zubereitungszeit: 25 Minuten, ohne Kühlzeit • Backzeit: etwa 35 Minuten
Insgesamt: E: 28 g, F: 122 g, Kh: 266 g, kJ: 9789, kcal: 2341, BE: 22,0

Pro Tarte etwa **2,00 €**

7 Den Pudding auf dem Tarteboden verteilen und glatt streichen. Zwetschen dachziegelartig darauf verteilen, dabei leicht in den Pudding drücken. Zucker und Zimt mischen und auf die Zwetschen streuen.

8 Die Form wieder in den vorgeheizten Backofen schieben. Die Tarte **25–30 Minuten backen.**
Dann die Form auf einen Kuchenrost stellen. Die Tarte warm oder kalt servieren, vorher mit Puderzucker bestäuben.

🍪 Sollten die Zwetschen sehr saftig sein, sie nicht vor, sondern erst nach dem Backen mit Zimt-Zucker bestreuen.

155

Preiswert –zum Einfrieren geeignet

Durstige Liese

Für den Rührteig: 200 g weiche Butter oder Margarine • 200 g Zucker •
1 Pck. Dr. Oetker Vanillin-Zucker • 4 Eier (Größe M) • 200 g Weizenmehl • 50 g Speisestärke •
2 TL Dr. Oetker Backin • 1 Pck. Dr. Oetker Finesse Geriebene Zitronenschale
Zum Beträufeln: 150 ml Orangensaft • 50 ml Zitronensaft • evtl. 1 EL Zucker

1 Den Backofen vorheizen.
Ober-/Unterhitze: etwa 180 °C
Heißluft: etwa 160 °C

2 Für den Rührteig Butter oder Margarine mit Handrührgerät mit Rührbesen
auf höchster Stufe geschmeidig rühren. Nach und nach Zucker und Vanillin-
Zucker unterrühren. So lange rühren, bis eine gebundene Masse entstanden ist.

3 Eier nach und nach unterrühren (jedes Ei etwa ½ Minute). Mehl mit
Speisestärke, Backpulver und Zitronenschale vermischen und auf mittlerer
Stufe unterrühren.

4 Den Teig in eine Gugelhupfform (Ø 22–24 cm, gefettet) füllen. Die Form
auf dem Rost im unteren Drittel in den vorgeheizten Backofen schieben.
Den Kuchen **etwa 45 Minuten backen.**

5 Den Kuchen etwa 10 Minuten in der Form stehen lassen, dann auf einen
mit Backpapier belegten Kuchenrost stürzen. Den Kuchen mit einem Holzstäbchen mehrmals einstechen und mit Orangen- und Zitronensaft (evtl. mit Zucker
verrührt) beträufeln.

Der Kuchen kann bereits am Vortag zubereitet werden.
Der Teig kann auch als Blechkuchen gebacken werden. Dazu den Teig auf ein
Backblech (30 x 40 cm, gefettet) streichen und etwa 30 Minuten bei gleicher
Backofeneinstellung backen.

Zubereitungszeit: 15 Minuten, ohne Abkühlzeit • Backzeit: etwa 45 Minuten
Insgesamt: E: 48 g, F: 197 g, Kh: 410 g, kJ: 15291, kcal: 3654, BE: 34,0

156 | Kuchen aus der Form

Pro Kuchen etwa **3,10 €**

Ganz einfach

Stachelbeerkuchen

Zum Vorbereiten: 125 g Butter oder Margarine
Für den Belag: 1 Glas Stachelbeeren (Abtropfgewicht 360 g)
Für den All-in-Teig: 250 g Weizenmehl • 3 gestr. TL Dr. Oetker Backin •
150 g Puderzucker • 1 Pck. Dr. Oetker Bourbon-Vanille-Zucker • 1 Prise Salz •
4 Eier (Größe M) • 200 g Schmand (Sauerrahm)
Zum Bestäuben: 1 EL Puderzucker

1 Zum Vorbereiten Butter oder Margarine in einem Topf bei schwacher
Hitze zerlassen und etwas abkühlen lassen.

2 Für den Belag Stachelbeeren in einem Sieb abtropfen lassen.

3 Den Backofen vorheizen.
Ober-/Unterhitze: etwa 180 °C
Heißluft: etwa 160 °C

4 Für den Teig Mehl mit Backpulver in einer Rührschüssel mischen. Puderzucker, Vanille-Zucker, Salz, Eier, Schmand und zerlassene Butter oder
Margarine hinzufügen, mit Handrührgerät mit Rührbesen auf höchster Stufe in
1 Minute zu einem glatten Teig verarbeiten.

5 Den Teig in eine Springform (Ø 26 cm, Springformboden gefettet) füllen
und verstreichen. Stachelbeeren auf dem Teig verteilen, dabei am Rand etwa
1 cm frei lassen. Die Form auf dem Rost im unteren Drittel in den vorgeheizten
Backofen schieben. Den Kuchen **40–45 Minuten backen.**

6 Die Form etwa 10 Minuten auf einen Kuchenrost stellen. Den Kuchen mit
einem Messer aus der Form lösen und auf einem mit Backpapier belegten
Kuchenrost etwa 1 Stunde erkalten lassen.

7 Den Kuchen mit Puderzucker bestäuben.

Den Stachelbeerkuchen mit 200 g geschlagener Sahne servieren
(Zusatzkosten: etwa 0,50 €).
Der Kuchen ist ohne Puderzucker auch zum Einfrieren geeignet.

Zubereitungszeit: 20 Minuten, ohne Abkühlzeit • Backzeit: 40–45 Minuten
Insgesamt: E: 62 g, F: 182 g, Kh: 418 g, kJ: 15019, kcal: 3589, BE: 35,0

Pro Kuchen etwa **3,60 €**

Fruchtiger Genuss

Apfeltarte

Für den Knetteig: 200 g Weizenmehl • 40 g Zucker • 125 g Butter oder Margarine
Für den Belag: 5–6 säuerliche Äpfel (etwa 750 g) • 2 TL Speisestärke • 75 g Zucker •
1 Pck. Dr. Oetker Vanillin-Zucker • 3 Eier (Größe M) • 125 g Schlagsahne
Zum Bestäuben: 1–2 TL Puderzucker

1 Für den Teig Mehl mit Zucker in einer Rührschüssel mischen. Butter oder
Margarine hinzufügen und alles mit Handrührgerät mit Knethaken zunächst
auf niedrigster, dann auf höchster Stufe 1 Minute durcharbeiten.

2 Den Teig auf der leicht bemehlten Arbeitsfläche mit den Händen zu einem
glatten Teig verkneten. Den Teig in Frischhaltefolie gewickelt etwa 1 Stunde in
den Kühlschrank stellen.

3 Den Backofen vorheizen.
Ober-/Unterhitze: etwa 200 °C
Heißluft: etwa 180 °C

4 Zwei Drittel des Teiges (restlichen Teig eingewickelt wieder in den
Kühlschrank stellen) auf der leicht bemehlten Arbeitsfläche zu einer runden
Platte (Ø etwa 28 cm) ausrollen. Den Teig erst zur Hälfte, dann zu einem Vier-
tel einschlagen und in eine Tarteform (Ø etwa 28 cm, Boden gefettet,
mit Backpapier belegt) legen. Die Teigplatte auseinanderklappen und an den
Formboden drücken. Teigboden mit einer Gabel mehrmals einstechen.

5 Die Form auf dem Rost auf mittlerer Einschubleiste in den vorgeheizten
Backofen schieben. Den Tarteboden **10–12 Minuten vorbacken.** Dann
die Form auf einen Kuchenrost stellen. Vorgebackenen Teigboden etwa
20 Minuten abkühlen lassen.

6 Für den Belag Äpfel schälen, vierteln und entkernen. Die Apfelviertel längs
halbieren. Speisestärke, Zucker und Vanillin-Zucker in einer Rührschüssel
vermischen. Eier und Sahne dazugeben, alles mit einem Schneebesen gut
verrühren.

7 Aus dem restlichen Teig zwei Rollen (je etwa 40 cm lang) formen. Die
Teigrollen auf den vorgebackenen Teig legen und an den Tarteformrand
drücken. Apfelachtel kranzförmig, von außen nach innen, auf dem Teigboden
verteilen. Den Eier-Sahne-Guss über die Äpfel gießen.

Zubereitungszeit: 35 Minuten, ohne Kühlzeit • Backzeit: 30–42 Minuten
Insgesamt: E: 48 g, F: 168 g, Kh: 372 g, kJ: 13344, kcal: 3204, BE: 30,0

8 Die Form wieder in den Backofen schieben und bei gleicher Backofeneinstellung **weitere 20–30 Minuten backen.** Dann den Kuchen auf einem Kuchenrost erkalten lassen.

9 Die Tarte mit einem Pfannenwender vorsichtig auf eine Tortenplatte legen. Backpapier entfernen. Tarte mit Puderzucker bestäuben.

🧁 Die Apfeltarte kann auch in einer Springform (Ø 26–28 cm) zubereitet werden.

Zum Einfrieren geeignet

Süßes Streuselbrot

Für den Hefeteig: 300 g Weizenmehl • 1 Pck. Dr. Oetker Trockenbackhefe •
30 g Zucker • 1 Pck. Dr. Oetker Vanillin-Zucker • 1 Prise Salz • 1 Ei (Größe M) •
125 ml (⅛ l) lauwarme Milch • 30 g weiche Butter oder Margarine
Für die Streusel: 150 g Weizenmehl • 70 g Zucker • 100 g weiche Butter
Zum Bestreichen: 150 g rote Konfitüre, z. B. Erdbeerkonfitüre • 2 EL Milch

1 Für den Teig Mehl mit Trockenbackhefe in eine Rührschüssel geben und gut vermischen. Zucker, Vanillin-Zucker, Salz, Ei, Milch und Butter oder Margarine hinzufügen.

2 Die Zutaten mit Handrührgerät mit Knethaken zunächst kurz auf niedrigster, dann auf höchster Stufe in etwa 5 Minuten zu einem Teig verarbeiten. Den Teig zugedeckt so lange an einem warmen Ort gehen lassen, bis er sich sichtbar vergrößert hat (etwa 20 Minuten).

3 Für die Streusel Mehl, Zucker und Butter in eine Rührschüssel geben. Die Zutaten mit Handrührgerät mit Rührbesen zunächst kurz auf niedrigster, dann auf höchster Stufe zu feinen Streuseln verarbeiten.

4 Den Hefeteig leicht mit Mehl bestäuben, aus der Schüssel nehmen, auf der leicht bemehlten Arbeitsfläche nochmals kurz durchkneten und zu einem Rechteck (etwa 25 x 40 cm) ausrollen. Die Konfitüre glatt rühren, auf den Teig streichen, dabei rundherum einen etwa 2 cm breiten Rand frei lassen. Die Hälfte der Streusel darauf verteilen.

5 Den Teig von der langen Seite her aufrollen und mit der Naht nach unten in eine Kastenform (25 x 11 cm, gefettet) legen. Den Teiglaib mit Milch bestreichen, mit den restlichen Streuseln bestreuen und nochmals zugedeckt so lange an einem warmen Ort gehen lassen, bis er sich sichtbar vergrößert hat (etwa 30 Minuten).

6 Den Backofen vorheizen.
Ober-/Unterhitze: 180–200 °C
Heißluft: 160–180 °C

7 Die Form auf dem Rost im unteren Drittel in den vorgeheizten Backofen schieben. Streuselbrot **etwa 35 Minuten backen.**

Zubereitungszeit: 35 Minuten, ohne Teiggehzeit • Backzeit: etwa 35 Minuten
Insgesamt: E: 63 g, F: 129 g, Kh: 553 g, kJ: 15273, kcal: 3651, BE: 46,0

Kuchen etwa 2,10 €

8 Das Streuselbrot etwa 5 Minuten in der Form auf einem Kuchenrost abkühlen lassen. Dann das Streuselbrot auf den Kuchenrost stürzen, wieder umdrehen und erkalten lassen.

🍰 Wer auf Konfitüre verzichten möchte, bestreicht den Teig mit 30 g zerlassener Butter und verteilt darauf die Hälfte der Streusel. Zusätzliches Aroma und Farbe gibt 1 Teelöffel gemahlener Zimt, den man unter das Mehl für die Streusel mischen kann (Zusatzkosten: etwa 0,15 €).

Für Schokoliebhaber

Mousse-au-Chocolat-Tarte

Für den Rührteig: 200 g Zartbitter-Schokolade • 150 g Butter • 5 Eiweiß (Größe M) •
1 Prise Salz • 5 Eigelb (Größe M) • 100 g Zucker • 1 Pck. Dr. Oetker Vanillin-Zucker •
100 g abgezogene, gemahlene Mandeln • 1 Msp. Dr. Oetker Backin •
1 Pck. Gala Pudding-Pulver Schokoladen-Geschmack
Zum Bestäuben: 1 EL Kakaopulver

1 Den Backofen vorheizen.
Ober-/Unterhitze: etwa 180 °C
Heißluft: etwa 160 °C

2 Für den Teig Schokolade in Stücke brechen und mit der Butter in einem
Topf bei schwacher Hitze unter Rühren schmelzen. Schoko-Butter-Masse beiseitestellen und abkühlen lassen. Eiweiß mit Salz in einer Rührschüssel
so steif schlagen, dass ein Messerschnitt sichtbar bleibt.

3 In einer anderen Rührschüssel Eigelb mit Zucker und Vanillin-Zucker mit
Handrührgerät mit Rührbesen weißschaumig rühren und die Schoko-But-
ter-Masse unterrühren. Eischnee unterheben. Mandeln, Backpulver und
Pudding-Pulver mischen und ebenfalls unterheben.

4 Den Teig in eine Springform (Ø 26 cm, Springformboden, gefettet, mit Backpapier belegt) füllen und glatt streichen. Die Form im unteren Drittel auf dem
Rost in den vorgeheizten Backofen schieben. Tarte **etwa 35 Minuten backen.**

5 Die Tarte etwa 1 Stunde in der Form auf einem Kuchenrost abkühlen
lassen, dann den Springformrand lösen und entfernen. Die Tarte auf einen
Kuchenrost setzen und völlig erkalten lassen, dann auch vom Springformboden lösen und das Backpapier entfernen. Vor dem Servieren die Tarte mit
Kakaopulver bestäuben.

Die Tarte einen Tag in Alufolie verpackt kalt stellen, so zieht sie besonders gut durch.

Sie schmeckt weniger herb, wenn die Hälfte der Zartbitter-Schokolade
durch Vollmilch-Schokolade ersetzt wird.

Zubereitungszeit: 25 Minuten, ohne Abkühlzeit • Backzeit: etwa 35 Minuten
Insgesamt: E: 73 g, F: 280 g, Kh: 235 g, kJ: 15691, kcal: 3745, BE: 19,5

Pro Tarte etwa 4,50 €

Beliebt

Schmandkuchen

Für den Knetteig: 175 g Weizenmehl • 60 g Zucker • 1 Pck. Dr. Oetker Vanillin-Zucker •
1 Ei (Größe M) • 100 g Butter oder Margarine
Für den Belag: 1 Pck. Dr. Oetker Pudding-Pulver Vanille-Geschmack • 60 g Zucker •
400 ml Milch • 200 g Schmand (Sauerrahm) • 2 Dosen Mandarinen (Abtropfgewicht je 175 g)
Für den Guss und zum Bestäuben: 1 Pck. ungezuckerter Tortenguss, klar • 1 TL Zucker •
250 ml (¼ l) Mandarinensaft aus den Dosen • 1 TL Puderzucker

1   Den Backofen vorheizen.
Ober-/Unterhitze: etwa 200 °C
Heißluft: etwa 180 °C

2   Für den Knetteig Mehl in eine Rührschüssel geben. Restliche Zutaten hinzugeben und mit Handrührgerät mit Knethaken zunächst kurz auf niedrigster, dann auf höchster Stufe gut durcharbeiten. Anschließend den Teig auf einer leicht bemehlten Arbeitsfläche kurz verkneten. Sollte er kleben, ihn in Frischhaltefolie gewickelt eine Zeit lang in den Kühlschrank stellen.

3   Zwei Drittel des Teiges auf einem Springformboden (Ø 26 cm, gefettet) ausrollen und mehrmals mit einer Gabel einstechen. Springformrand darumstellen. Die Form auf dem Rost auf mittlerer Einschubleiste in den vorgeheizten Backofen schieben. Den Boden **etwa 10 Minuten vorbacken.**

4   Den Boden in der Form auf einen Kuchenrost stellen und erkalten lassen. Die Backofentemperatur um 20 °C auf Ober-/Unterhitze etwa 180 °C, Heißluft etwa 160 °C herunterschalten.

5   Für den Belag aus Pudding-Pulver, Zucker und Milch nach Packungsanleitung, aber nur mit 400 ml Milch einen Pudding zubereiten. Pudding unter gelegentlichem Umrühren etwas abkühlen lassen. Schmand unterrühren. Mandarinen in einem Sieb abtropfen lassen, dabei den Saft auffangen und 250 ml (¼ l) für den Guss abmessen, evtl. mit Wasser ergänzen.

6   Den restlichen Teig zu einer Rolle formen, als Rand auf den Boden legen und so an die Form drücken, dass ein etwa 3 cm hoher Rand entsteht. Die Puddingcreme in der Form verstreichen und mit den abgetropften Mandarinen belegen. Die Form auf dem Rost in den Backofen schieben. Den Kuchen **weitere 50–60 Minuten backen.**

Zubereitungszeit: 40 Minuten, ohne Kühl- und Abkühlzeit • Backzeit: 60–70 Minuten
Insgesamt: E: 49 g, F: 157 g, Kh: 441 g, kJ: 14291, kcal: 3411, BE: 37,0

166 | Kuchen aus der Form

Pro Kuchen etwa **3,20 €**

7 Die Form etwa 5 Minuten auf einem Kuchenrost stehen lassen. Dann den Kuchen vorsichtig aus der Form lösen und auf einem mit Backpapier belegten Kuchenrost erkalten lassen.

8 Für den Guss aus Tortengusspulver, Zucker und Mandarinensaft nach Packungsanleitung einen Guss zubereiten. Guss auf dem Kuchen verteilen und etwa 30 Minuten in den Kühlschrank stellen. Vor dem Servieren den Kuchen am Rand mit Puderzucker bestäuben.

Gelingt leicht

Zebrakuchen

Für den Teig: 5 Eigelb (Größe M) • 250 g Zucker • 1 Pck. Dr. Oetker Vanillin-Zucker •
125 ml (⅛ l) lauwarmes Wasser • 250 ml (¼ l) Speiseöl, z. B. Sonnenblumenöl •
375 g Weizenmehl • 1 Pck. Dr. Oetker Backin • 5 Eiweiß (Größe M) •
2 EL gesiebtes Kakaopulver
Für den Guss: 150 g Puderzucker • 2 EL Zitronensaft • 3–4 EL Wasser

1 Den Backofen vorheizen.
Ober-/Unterhitze: etwa 180 °C
Heißluft: etwa 160 °C

2 Für den Teig Eigelb, Zucker und Vanillin-Zucker mit Handrührgerät mit
Rührbesen schaumig rühren. Wasser und Öl unterrühren.

3 Mehl mit Backpulver mischen und in 2 Portionen kurz unterrühren. Eiweiß
steif schlagen und unterheben. Den Teig halbieren und unter eine Hälfte des
Teiges den Kakao rühren.

4 Für das Zebramuster zunächst 2 Esslöffel des hellen Teiges in die Mitte einer Springform (Ø 26 cm, Boden gefettet, mit Semmelbröseln bestreut) geben
(nicht verteilen!). Auf den hellen Teig 2 Esslöffel von dem dunklen Teig geben
(nicht daneben).

5 Den Vorgang wiederholen, bis der Teig aufgebraucht ist. Den Teig nicht
glatt streichen. Die Form auf dem Rost im unteren Drittel in den vorgeheizten
Backofen schieben. Den Kuchen **50–60 Minuten backen.**

6 Zebrakuchen etwa 10 Minuten auf einem Kuchenrost abkühlen lassen,
dann aus der Form lösen und auf einem Kuchenrost erkalten lassen.

7 Für den Guss Puderzucker, Zitronensaft und so viel Wasser verrühren, dass
ein dünnflüssiger Guss entsteht. Den erkalteten Kuchen damit überziehen und
fest werden lassen.

Wenn Sie den Kuchen ohne Guss zubereiten und nur mit einem Esslöffel Puderzucker bestäuben, sparen Sie etwa 0,35 €.

Ohne Guss ist der Kuchen auch zum Einfrieren geeignet.

Zubereitungszeit: 25 Minuten, ohne Abkühlzeit • Backzeit: 50–60 Minuten
Insgesamt: E: 77 g, F: 395 g, Kh: 688 g, kJ: 23835, kcal: 5697, BE: 57,5

Pro Kuchen etwa **2,55 €**

Schnell zubereitet

Schoko-Kirsch-Gugelhupf

Zum Vorbereiten: 1 Glas Sauerkirschen (Abtropfgewicht 350 g)
Für den All-in-Teig: 200 g Weizenmehl • 2 Pck. Dr. Oetker Pudding-Pulver
Schokoladen-Geschmack • 1 Pck. Dr. Oetker Backin • 125 g Zucker •
1 Pck. Dr. Oetker Bourbon-Vanille-Zucker • 5 Eier (Größe M) •
150 ml Sonnenblumenöl • 125 ml (⅛ l) Buttermilch • 100 g Raspelschokolade
Zum Bestäuben: 1 EL Puderzucker

1   Zum Vorbereiten Kirschen in einem Sieb gut abtropfen lassen.

2   Den Backofen vorheizen.
Ober-/Unterhitze: etwa 180 °C
Heißluft: etwa 160 °C

3   Für den Teig Mehl mit Pudding-Pulver und Backpulver in einer Rührschüssel
mischen. Zucker, Vanille-Zucker, Eier, Öl und Buttermilch hinzufügen. Die Zutaten in etwa 1 Minute mit Handrührgerät mit Rührbesen erst kurz auf niedrigster, dann auf höchster Stufe zu einem glatten Teig verarbeiten.

4   Raspelschokolade und Sauerkirschen vorsichtig unterheben. Den Teig
in eine Gugelhupfform (Ø 22–24 cm, gefettet, gemehlt) füllen und verstreichen. Die Form auf dem Rost im unteren Drittel in den vorgeheizten Backofen
schieben. Den Kuchen **etwa 75 Minuten backen.**

5   Den Kuchen nach dem Backen etwa 10 Minuten in der Form stehen
lassen, dann aus der Form lösen, auf einen Kuchenrost stürzen und erkalten
lassen. Vor dem Servieren den Kuchen mit Puderzucker bestäuben.

Den Kuchen mit 100 g geschmolzener Zartbitter-Schokolade überziehen, sodass der Guss in dicken „Nasen" herunterläuft (Zusatzkosten:
etwa 0,70 €).

Zubereitungszeit: 20 Minuten, ohne Abkühlzeit • Backzeit: etwa 75 Minuten
Insgesamt: E: 74 g, F: 215 g, Kh: 486 g, kJ: 17526, kcal: 4182, BE: 40,5

Pro Kuchen etwa **4,85 €**

Einfach

Quark-Eierschecke

Für die Quarkmasse: 750 g Magerquark • 170 g Zucker •
1 Pck. Dr. Oetker Pudding-Pulver Vanille-Geschmack • 2 Eier (Größe M)
Für die Eierscheckenmasse: 5 Eiweiß (Größe M) • 100 g Zucker • 375 ml (⅜ l) Milch •
1 Pck. Pudding-Pulver Vanille-Geschmack • 5 Eigelb (Größe M) • 100 g Butter

1 Den Backofen vorheizen.
Ober-/Unterhitze: etwa 180 °C
Heißluft: etwa 160 °C

2 Für die Quarkmasse Quark, Zucker, Pudding-Pulver und Eier in eine
Schüssel geben und die Zutaten mit Handrührgerät mit Rührbesen zu einer
geschmeidigen Masse verrühren. Die Masse in eine Springform (Ø 26 cm,
gefettet) geben und glatt streichen.

3 Für die Eierscheckenmasse Eiweiß steif schlagen. Ein Drittel des Zuckers
langsam einstreuen, dabei den Eischnee weiterschlagen, bis er glänzt.

4 Von der Milch 100 ml abmessen und mit Pudding-Pulver, Eigelb und restli-
chem Zucker verrühren. Restliche Milch in einem Topf kurz aufkochen
lassen und den Topf von der Kochstelle nehmen. Angerührtes Pudding-
Pulver unterrühren und unter Rühren etwa 1 Minute aufkochen. Den Topf
wieder von der Kochstelle nehmen. Butter unter den Pudding rühren. Eischnee
in 2 Portionen kurz unterrühren.

5 Die Eierscheckenmasse löffelweise auf der Quarkmasse verteilen und
glatt streichen. Die Form auf dem Rost im unteren Drittel in den vorgeheizten
Backofen schieben. Den Kuchen **50–60 Minuten backen.**

6 Die Form auf einen Kuchenrost stellen und die Eierschecke in der Form
erkalten lassen. Die erkaltete Eierschecke aus der Form lösen und auf eine
Tortenplatte legen.

Nach Belieben 1 Glas Sauerkirschen (Abtropfgewicht 350 g) mit etwa
25 g angerührter Speisestärke unter Rühren aufkochen, mit Zucker abschmecken und heiß oder kalt dazureichen (Zusatzkosten: etwa 0,95 €).
Statt Pudding-Pulver Vanille-Geschmack Pudding-Pulver Sahne-Geschmack
verwenden.

Zubereitungszeit: 30 Minuten, ohne Abkühlzeit • Backzeit: 50–60 Minuten
Insgesamt: E: 162 g, F: 147 g, Kh: 377 g, kJ: 14659, kcal: 3500, BE: 31,5

Pro Kuchen etwa 3,40 €

Beliebt – zum Einfrieren geeignet

Feiner Schokoladen-Gugelhupf

Für den Rührteig: 150 g Zartbitter-Schokolade • 4 Eiweiß (Größe M) •
75 g Zucker • 150 g weiche Butter oder Margarine • 75 g Zucker •
1 Pck. Dr. Oetker Vanillin-Zucker • 1 Prise Salz • 2 Eier (Größe M) • 4 Eigelb (Größe M) •
150 g Weizenmehl • 1 gestr. TL Dr. Oetker Backin • 10 g Kakaopulver
Zum Bestäuben: 1 EL Puderzucker

1 Für den Teig Schokolade in Stücke brechen und in einem kleinen Topf im Wasserbad bei schwacher Hitze unter Rühren schmelzen lassen. Schokolade abkühlen lassen. Eiweiß mit Zucker so steif schlagen, dass ein Messerschnitt sichtbar bleibt.

2 Den Backofen vorheizen.
Ober-/Unterhitze: etwa 180 °C
Heißluft: etwa 160 °C

3 Butter oder Margarine mit Handrührgerät mit Rührbesen auf höchster Stufe geschmeidig rühren. Nach und nach Zucker, Vanillin-Zucker, Salz und flüssige Schokolade unterrühren. So lange rühren, bis eine gebundene Masse entstanden ist.

4 Eier und Eigelb nach und nach unterrühren (jedes Ei etwa ½ Minute). Mehl mit Backpulver und Kakao vermischen und in 2 Portionen auf mittlerer Stufe unterrühren. Eischnee mit einem Teigschaber unterheben.

5 Den Teig in eine Gugelhupfform (Ø 22–24 cm, gefettet, mit Semmelbröseln ausgestreut) füllen und glatt streichen. Die Form auf dem Rost im unteren Drittel in den vorgeheizten Backofen schieben. Den Kuchen **etwa 45 Minuten backen.**

6 Die Form auf einen Kuchenrost stellen. Nach etwa 10 Minuten den Kuchen auf einen mit Backpapier belegten Kuchenrost stürzen, erkalten lassen. Den Kuchen vor dem Servieren mit Puderzucker bestäuben.

Der Kuchen kann bereits am Vortag gebacken werden.

Zubereitungszeit: 30 Minuten, ohne Abkühlzeit • Backzeit: etwa 45 Minuten
Insgesamt: E: 73 g, F: 225 g, Kh: 348 g, kJ: 15539, kcal: 3717, BE: 29,0

174 | Kuchen aus der Form

Pro Kuchen etwa 2,95 €

Mit Alkohol

Möhrenkuchen

Zum Vorbereiten: 200–250 g Möhren
Für den Teig: 4 Eiweiß (Größe M) • 4 Eigelb (Größe M) • 160 g Zucker •
1 Pck. Dr. Oetker Vanillin-Zucker • 1 Prise Salz • 2–3 EL Rum oder Orangensaft •
50 g Weizenmehl • 2 ½ gestr. TL Dr. Oetker Backin •
300 g nicht abgezogene, gemahlene Mandeln
Für den Guss: 100 g gesiebter Puderzucker • 1–2 EL Zitronensaft

1 Zum Vorbereiten für den Teig die Möhren putzen, schälen, abspülen, gut abtropfen lassen und auf einer Küchenreibe fein raspeln.

2 Den Backofen vorheizen.
Ober-/Unterhitze: etwa 180 °C
Heißluft: etwa 160 °C

3 Für den Teig Eiweiß in einer Rührschüssel so steif schlagen, dass ein Messerschnitt sichtbar bleibt und beiseitestellen. Eigelb mit Zucker, Vanillin-Zucker und Salz in einer anderen Rührschüssel mit Handrührgerät mit Rührbesen auf höchster Stufe etwa 5 Minuten schaumig rühren.

4 Rum oder Orangensaft kurz unterrühren. Mehl mit Backpulver mischen, mit der Hälfte der Mandeln auf niedrigster Stufe unterrühren.

5 Eischnee unterheben. Übrige Mandeln und die Möhrenraspel ebenfalls kurz unterrühren. Den Teig in eine Kastenform (25 x 11 cm, gefettet und gemehlt) füllen. Die Form auf dem Rost im unteren Drittel in den vorgeheizten Backofen schieben. Den Kuchen **etwa 60 Minuten backen.**

6 Den Kuchen 10 Minuten in der Form auf einem Kuchenrost stehen lassen. Dann den Kuchen aus der Form lösen, auf einen Kuchenrost stürzen und erkalten lassen.

7 Für den Guss Puderzucker und Zitronensaft zu einer dickflüssigen Masse verrühren. Den Kuchen mit dem Guss überziehen, fest werden lassen.

Ohne Guss lässt sich der Kuchen gut einfrieren. Auch zum Vorbereiten ist er sehr gut geeignet. 1–2 Tage vorher gebacken und verpackt, kann er noch durchziehen.

Zubereitungszeit: 30 Minuten, ohne Abkühlzeit • Backzeit: etwa 60 Minuten
Insgesamt: E: 92 g, F: 193 g, Kh: 334 g, kJ: 14628, kcal: 3495, BE: 28,0

176 | Kuchen aus der Form

Pro Kuchen etwa 4,50 €

Bei Kindern beliebt

Quarkkuchen

Für den Streuselteig: 350 g Weizenmehl • 1 gestr. TL Dr. Oetker Backin • 150 g Zucker •
2 Eier (Größe M) • 100 g Butter oder Margarine
Für den Belag: 1 kg Magerquark • 175 g Zucker • 1 Pck. Dr. Oetker Vanillin-Zucker •
4 Eier (Größe M) • 60 g Speisestärke • 400 g Schlagsahne • 50 g abgezogene,
gehobelte Mandeln
Zum Bestreuen: 2 EL Zucker • 1 TL gemahlener Zimt

1 Den Backofen vorheizen.
Ober-/Unterhitze: etwa 180 °C
Heißluft: etwa 160 °C

2 Für den Teig Mehl mit Backpulver in einer Rührschüssel mischen. Zucker,
Eier und Butter oder Margarine hinzufügen. Die Zutaten mit Handrührgerät
mit Rührbesen zunächst kurz auf niedrigster, dann auf höchster Stufe zu
Streuseln verarbeiten.

3 Die Streusel auf einem Backblech (30 x 40 cm, gefettet) verteilen und mit
einem Esslöffel zu einem Boden andrücken.

4 Für den Belag Quark mit Zucker, Vanillin-Zucker, Eiern und Speisestärke
gut verrühren. Sahne steif schlagen und unterheben. Die Quarkmasse auf den
Streuselteig geben und glatt streichen. Mandeln darauf verteilen.

5 Das Backblech auf mittlerer Einschubleiste in den vorgeheizten Backofen
schieben. Den Kuchen **etwa 40 Minuten backen.**

6 Das Backblech auf einen Kuchenrost stellen. Zucker und Zimt mischen, den
noch heißen Kuchen damit bestreuen. Den Kuchen erkalten lassen.

Wenn Sie Rosinen mögen, dann bestreuen Sie den Kuchen zusätzlich
vor dem Backen mit 100 g Rosinen (Zusatzkosten: etwa 0,25 €).
Der Kuchen ist zum Einfrieren geeignet.

Zubereitungszeit: 25 Minuten • Backzeit: etwa 40 Minuten
Insgesamt: E: 229 g, F: 288 g, Kh: 714 g, kJ: 26817, kcal: 6412, BE: 59,5

Pro Kuchen etwa 4,70 €

Gelingt leicht

Streuselkuchen mit Apfelmus

Für den Streuselteig: 500 g Weizenmehl • 1 Pck. Dr. Oetker Backin • 200 g Zucker • 1 Pck. Dr. Oetker Vanillin-Zucker • 1 gestr. TL gemahlener Zimt • 1 Ei (Größe M) • 250 g Butter oder Margarine
Für die Füllung: 3 Gläser Apfelmus (Einwaage je 360 g) • 100 g Rosinen

1 Für den Teig Mehl mit Backpulver mischen und in eine Rührschüssel geben. Zucker, Vanillin-Zucker, Zimt, Ei und Butter oder Margarine hinzufügen. Die Zutaten mit Handrührgerät mit Rührbesen zunächst kurz auf niedrigster, dann auf höchster Stufe zu Streuseln verarbeiten.

2 Gut die Hälfte der Streusel auf einem Backblech (30 x 40 cm, gefettet) verteilen und zu einem Boden andrücken.

3 Den Backofen vorheizen.
Ober-/Unterhitze: etwa 180 °C
Heißluft: etwa 160 °C

4 Für die Füllung Apfelmus auf dem Teig verteilen und verstreichen. Rosinen daraufstreuen und mit einem Löffel etwas eindrücken. Restlichen Streuselteig daraufstreuen. Das Backblech auf mittlerer Einschubleiste in den vorgeheizten Backofen schieben und den Kuchen **etwa 50 Minuten backen.**

5 Das Backblech auf einen Kuchenrost stellen. Den Kuchen erkalten lassen und in Stücke schneiden.

Wer keine Rosinen mag, der lässt sie einfach weg und spart damit etwa 0,20 €.

Zubereitungszeit: 25 Minuten • Backzeit: etwa 50 Minuten
Insgesamt: E: 59 g, F: 230 g, Kh: 750 g, kJ: 2247, kcal: 5361, BE: 62,5

Pro Kuchen etwa 4,70 €

Nicht nur bei Kindern beliebt

Zitronenkuchen (im Foto vorn)

Für den Rührteig: 350 g weiche Butter oder Margarine • 250 g Zucker •
2 Pck. Dr. Oetker Finesse Geriebene Zitronenschale • 5 Eier (Größe M) •
275 g Weizenmehl • 120 g Speisestärke • 2 gestr. TL Dr. Oetker Backin
Für den Guss: 250 g Puderzucker • 6–7 EL Zitronensaft

1 Den Backofen vorheizen.
Ober-/Unterhitze: etwa 180 °C
Heißluft: etwa 160 °C

2 Für den Rührteig Butter oder Margarine mit Handrührgerät mit Rührbesen auf höchster Stufe geschmeidig rühren. Nach und nach Zucker und Zitronen-schale unterrühren. So lange rühren, bis eine gebundene Masse entstanden ist. Eier nach und nach unterrühren (jedes Ei etwa ½ Minute).

3 Mehl mit Stärke und Backpulver mischen und in 2 Portionen auf mittlerer Stufe unterrühren.

4 Den Teig auf ein Backblech (30 x 40 cm, in den Ecken gefettet, mit Backpapier belegt) geben und glatt streichen. Das Backblech auf mittlerer Einschubleiste in den vorgeheizten Backofen schieben. Den Kuchen **etwa 25 Minuten backen.**

5 Für den Guss Puderzucker sieben und mit so viel von dem Zitronensaft verrühren, dass ein dickflüssiger Guss entsteht.

6 Das Backblech auf einen Kuchenrost stellen. Den heißen Kuchen mit dem Guss bestreichen (je heißer der Kuchen, desto stärker zieht der Guss ein). Den Kuchen auf dem Backblech erkalten lassen.

↻ Für einen Orangen-Schoko-Kuchen (im Foto hinten, pro Kuchen: etwa 5,20 €) 1 Dose Mandarinen (Abtropfgewicht 175 g) in einem Sieb abtropfen lassen, dabei den Saft auffangen. Den Rührteig wie im Rezept beschrieben (aber statt mit geriebener Zitronenschale mit Orangenschalen-Aroma) zubereiten. Die Mandarinen zuletzt unterrühren. Den Teig auf das vorbereite-te Backblech geben und glatt streichen. Den Kuchen wie beschrieben **etwa 25 Minuten backen.** Das Backblech auf einen Kuchenrost stellen. 200 g Zartbitter-Schokolade in der Größe der vorgeformten Einteilung in Stücke brechen, sofort auf dem heißen Kuchen verteilen und etwas andrücken.

Zubereitungszeit: 35 Minuten • Backzeit: etwa 25 Minuten
Insgesamt: E: 90 g, F: 320 g, Kh: 800 g, kJ: 27000, kcal: 6460, BE: 70,0

Pro Kuchen etwa **4,20 €**

Den Kuchen etwa 30 Minuten erkalten lassen. 175 g Puderzucker mit 4–5 Esslöffeln Mandarinensaft zu einem dickflüssigen Guss verrühren. Den Guss mit einem Teelöffel in die Zwischenräume geben und verstreichen.

Für Kinder

Kokosmilchkuchen

Für den Teig: 400 g Weizenmehl • 3 TL Dr. Oetker Backin • 225 g Zucker •
4 Eier (Größe M) • 150 g weiche Butter oder Margarine • 150 ml Kokosmilch •
Für den Guss: 250 g gesiebter Puderzucker • etwa 100 ml Kokosmilch •
gelbe und rote Speisefarbe

1 Den Backofen vorheizen.
Ober-/Unterhitze: etwa 180 °C
Heißluft: etwa 160 °C

2 Für den Teig Mehl mit Backpulver in einer Rührschüssel vermischen. Restliche Teigzutaten hinzufügen und mit Handrührgerät mit Rührbesen zunächst kurz auf niedrigster, dann auf höchster Stufe in etwa 2 Minuten zu einem glatten Teig verarbeiten.

3 Den Teig auf einem Backblech (30 x 40 cm, gefettet, bemehlt) verteilen und glatt streichen. Das Backblech auf mittlerer Einschubleiste in den vorgeheizten Backofen schieben. Den Kuchen **etwa 20 Minuten backen.**

4 Das Backblech auf einen Kuchenrost stellen. Den Kuchen erkalten lassen.

5 Für den Guss Puderzucker mit Kokosmilch zu einem dickflüssigen Guss verrühren. Den Kuchen mit etwa zwei Dritteln des Gusses überziehen.
Den restlichen Guss in 3 Portionen teilen und mit Speisefarbe rot, gelb und orange einfärben.

6 Den Guss getrennt in Gefrierbeutel füllen, eine kleine Spitze abschneiden und abwechselnd Linien auf den noch feuchten Guss spritzen. Mit einem Holzstäbchen abwechselnd von oben nach unten und von unten nach oben durch den Guss ziehen, sodass geschwungene Linien entstehen.

Wenn Sie keine Speisefarbe verwenden möchten, dann bestreichen Sie den Kuchen einfach nur mit dem Kokosmilchguss und streuen nach Belieben noch etwa 75 g geröstete Kokosraspel dekorativ darauf, so sparen Sie etwa 0,25 €.

Zubereitungszeit: 15 Minuten, ohne Abkühlzeit • Backzeit: etwa 20 Minuten
Insgesamt: E: 69 g, F: 163 g, Kh: 788 g, kJ: 20635, kcal: 4931, BE: 65,0

Pro Kuchen etwa **3,75 €**

Raffiniert

Streuselkuchen aus Thüringen

Für den Hefeteig: 200 ml Milch • 50 g Butter oder Margarine • 375 g Weizenmehl •
1 Pck. Dr. Oetker Trockenbackhefe • 50 g Zucker • 1 Pck. Dr. Oetker Vanillin-Zucker •
1 Ei (Größe M)
Zum Bestreichen: 20 g Butter
Für die Streusel: 300 g Weizenmehl • 150 g Zucker • 1 Pck. Vanillin-Zucker •
200 g Butter oder Margarine • 10 g Kakaopulver
Zum Beträufeln: 125 ml (⅛ l) Milch • 60 g Butter
Zum Bestreichen und Bestäuben: 100 g Butter • 50 g Puderzucker

Zubereitungszeit: 35 Minuten, ohne Teiggehzeit • Backzeit: etwa 20 Minuten
Insgesamt: E: 100 g, F: 400 g, Kh: 780 g, kJ: 29540, kcal: 7060, BE: 60,0

1   Für den Teig Milch in einem kleinen Topf erwärmen und Butter oder Margarine darin zerlassen.

2   Mehl in einer Rührschüssel mit Trockenbackhefe vermischen. Übrige Zutaten und die warme Milch-Fett-Mischung hinzufügen, mit Handrührgerät mit Knethaken kurz auf niedrigster, dann auf höchster Stufe in etwa 5 Minuten zu einem glatten Teig verarbeiten. Den Teig zugedeckt so lange an einem warmen Ort gehen lassen, bis er sich sichtbar vergrößert hat.

3   Den Backofen vorheizen.
Ober-/Unterhitze: etwa 200 °C
Heißluft: etwa 180 °C

4   Den Teig leicht mit Mehl bestäuben, aus der Schüssel nehmen, auf der Arbeitsfläche nochmals kurz durchkneten und zu einer Rolle formen. Teig auf einem Backblech (30 x 40 cm, gefettet) ausrollen. Butter zerlassen. Den Teig damit bestreichen.

5   Für die Streusel Mehl mit Zucker, Vanillin-Zucker und Butter oder Margarine in einer Rührschüssel mit Handrührgerät mit Rührbesen zu Streuseln verarbeiten. Die Hälfte der Streusel großzügig auf dem Teig verteilen. Unter die restlichen Streusel Kakaopulver arbeiten und die Lücken damit füllen, sodass ein schwarz-weißes Muster entsteht.

Pro Kuchen etwa **2,55 €**

6 Den Teig nochmals so lange an einem warmen Ort gehen lassen, bis er sich sichtbar vergrößert hat. Das Backblech auf mittlerer Einschubleiste in den vorgeheizten Backofen schieben. Kuchen **etwa 20 Minuten backen.**

7 Zum Beträufeln die Milch erhitzen und die Butter darin zerlassen. Den noch heißen Kuchen damit beträufeln und den Kuchen auf dem Backblech auf einem Kuchenrost erkalten lassen.

8 Zum Bestreichen Butter zerlassen, den Kuchen damit bestreichen und mit Puderzucker bestäuben.

Für den Kindergeburtstag

Spiegeleiernester

Für den Teig: 1 Pck. (450 g) TK-Blätterteig (10 quadratische Scheiben)
Für den Belag: 1 Dose Aprikosenhälften (Abtropfgewicht 240 g) • 2 EL Milch •
1 Pck. Backfeste Puddingcreme • 250 ml (¼ l) Milch • 50 g gestiftelte Mandeln
Zum Bestreichen: 2 EL Aprikosenkonfitüre • 1 EL Wasser

1   Die Blätterteigplatten nebeneinander auf die Arbeitsfläche legen und nach Packungsanleitung auftauen lassen.

2   Den Backofen vorheizen.
Ober-/Unterhitze: etwa 220 °C
Heißluft: etwa 200 °C

3   Aprikosen in einem Sieb abtropfen lassen, 10 Aprikosenhälften beiseitelegen. Die übrigen Hälften klein würfeln.

4   Die Hälfte der Blätterteigquadrate auf ein Backblech (30 x 40 cm, mit Backpapier belegt) legen. Die Ränder mit Milch bestreichen. Puddingcreme mit Milch nach Packungsanleitung zubereiten und die Aprikosenwürfel unterheben. In die Mitte jeder Teigplatte 2 Teelöffel Puddingcreme geben. Je eine Aprikosenhälfte mit der Schnittfläche nach unten darauflegen und die Teigränder mit Mandeln bestreuen.

5   Das Backblech auf mittlerer Einschubleiste in den vorgeheizten Backofen schieben. Spiegeleiernester **etwa 15 Minuten backen.** Die übrigen Nester ebenso auf Backpapier vorbereiten.

6   Die gebackenen Nester mit dem Backpapier vom Backblech auf einen Kuchenrost ziehen. Die vorbereiteten Nester mit dem Backpapier auf das Backblech ziehen und backen. Die Spiegeleiernester auf dem Kuchenrost erkalten lassen.

7   Zum Bestreichen Konfitüre mit Wasser in einem kleinen Topf unter Rühren aufkochen. Die Spiegeleiernester damit bestreichen und trocknen lassen.

Wenn Sie keine Packung TK-Blätterteig mit quadratischen Teigplatten bekommen, können Sie auch eine Packung (450 g) mit rechteckigen Teigplatten verwenden. Halbieren Sie die 6 rechteckigen Platten, sodass Sie 12 Teigplatten erhalten. Legen Sie 12 Aprikosenhälften beiseite und würfeln

Für 10 Stück etwa **4,00 €**

Sie nur die restlichen. Ansonsten können Sie das Rezept wie beschrieben zubereiten.
Bei Heißluft können Sie auch 2 Backbleche auf einmal in den Backofen schieben.

Immer wieder gut

Schnelle Nussecken

Für den All-in-Teig: 200 g Weizenmehl • 1 gestr. TL Dr. Oetker Backin •
50 g gemahlene Haselnusskerne • 100 g Zucker • 1 Prise Salz • 1 Ei (Größe M) •
150 g weiche Butter oder Margarine • 4 EL kaltes Wasser
Für den Belag: 200 g Aprikosenkonfitüre • 1 Pck. Dr. Oetker Vanillin-Zucker •
2 EL Schlagsahne • 200 g gehobelte Haselnusskerne

1   Den Backofen vorheizen.
Ober-/Unterhitze: etwa 200 °C
Heißluft: etwa 180 °C

2   Für den Teig Mehl mit Backpulver in einer Rührschüssel mischen. Gemahlene Nusskerne, Zucker, Salz, Ei, Butter oder Margarine und Wasser hinzufügen. Die Zutaten mit Handrührgerät mit Rührbesen kurz auf niedrigster, dann auf höchster Stufe in 2 Minuten zu einem glatten Teig verarbeiten.

3   Den Teig auf einem Backblech (30 x 40 cm, gefettet und gemehlt) verteilen und verstreichen. Das Backblech auf mittlerer Einschubleiste in den vorgeheizten Backofen schieben. Den Teig **etwa 10 Minuten vorbacken.**

4   Inzwischen für den Belag Konfitüre unter Rühren in einem Topf aufkochen lassen und von der Kochstelle nehmen. Vanillin-Zucker, Sahne und gehobelte Nusskerne unterrühren.

5   Das Backblech auf einen Kuchenrost stellen. Die Nussmasse sofort auf dem vorgebackenen Teig verteilen und mit einer Teigkarte oder einem Esslöffel verstreichen. Das Backblech wieder in den vorgeheizten Backofen schieben und das Gebäck in **12–15 Minuten fertig backen.**

6   Das Backblech auf einen Kuchenrost stellen und das Gebäck erkalten lassen. Dann das Gebäck in 12 Quadrate (etwa 10 x 10 cm) schneiden und die Quadrate diagonal halbieren.

Die fertigen Nussecken mit 50 g aufgelöster Zartbitter-Schokolade besprenkeln (siehe Foto, Zusatzkosten: etwa 0,35 €).
Die Nussecken halten sich 2–3 Wochen in gut schließenden Dosen.

Für Mandelecken (Kosten etwa: 4,00 €) die Haselnusskerne durch Mandeln ersetzen.

Zubereitungszeit: 25 Minuten • Backzeit: 22–25 Minuten
Insgesamt: E: 58 g, F: 294 g, Kh: 409 g, kJ: 18923, kcal: 4523, BE: 34,0

Für die Nussecken etwa 4,30 €

Fast schon ein Klassiker

Apfel-Sahne-Kuchen

Für den Knetteig: 225 g Weizenmehl • 1 gestr. TL Dr. Oetker Backin • 75 g Zucker •
1 Ei (Größe M) • 150 g Butter oder Margarine
Für die Füllung: 2 Pck. Dr. Oetker Pudding-Pulver Vanille-Geschmack • 100 g Zucker •
500 ml (½ l) Orangensaft • 3–4 säuerliche Äpfel (etwa 500 g)
Für den Belag: 600 g Schlagsahne • 2 Pck. Sahnesteif •
2 Pck. Dr. Oetker Vanillin-Zucker

1   Für den Teig Mehl mit Backpulver in einer Rührschüssel mischen. Zucker,
Ei und Butter oder Margarine hinzufügen, mit Handrührgerät mit Rührbesen
zunächst kurz auf niedrigster, dann auf höchster Stufe zu feinen Streuseln
verarbeiten. Die Streusel gleichmäßig auf einem Backblech (30 x 40 cm,
gefettet) verteilen und gut zu einem Boden andrücken.

2   Den Backofen vorheizen.
Ober-/ Unterhitze: etwa 180 °C
Heißluft: etwa 160 °C

3   Für die Füllung aus Pudding-Pulver, Zucker und Orangensaft nach
Packungsanleitung, aber mit den hier angegebenen Zutaten einen Pudding
kochen. Äpfel schälen, vierteln, entkernen, raspeln und unter den Pudding
rühren. Die Puddingmasse auf dem Teig verteilen und glatt streichen.

4   Das Backblech auf mittlerer Einschubleiste in den vorgeheizten Backofen
schieben. Den Kuchen **etwa 30 Minuten backen.**

5   Das Backblech auf einen Kuchenrost stellen. Kuchen erkalten lassen.

6   Für den Belag Sahne mit Sahnesteif und Vanillin-Zucker steif schlagen und
in Wellen auf dem Kuchen verstreichen.

 Den Apfel-Sahne-Kuchen maximal 1 Tag vor dem Servieren zubereiten.
Zum Garnieren 1 Blatt weiße Gelatine nach Packungsanleitung einweichen,
ausdrücken und in 75 ml erwärmten Orangensaft auflösen. Gelatine-Saft-Mi-
schung in den Kühlschrank stellen. Sobald die Masse beginnt fest zu werden,
die Masse mit einem Teelöffel zwischen den Sahnewellen verteilen (Zusatzkosten: etwa 0,35 €).

Zubereitungszeit: 30 Minuten, ohne Abkühlzeit • Backzeit: etwa 30 Minuten
Insgesamt: E: 49 g, F: 334 g, Kh: 539 g, kJ: 22587, kcal: 5398, BE: 45,0

Pro Kuchen etwa **5,00 €**

Einfach und schnell

Makronenkuchen

Für den All-in-Teig: 300 g Weizenmehl • 2 TL Dr. Oetker Backin • 125 g Zucker •
1 Pck. Dr. Oetker Vanillin-Zucker • 1 Prise Salz • 4 Eigelb (Größe M) •
200 g weiche Butter oder Margarine • 200 ml Milch
Für den Belag: 4 Eiweiß (Größe M) • 200 g Zucker • 200 g Kokosraspel

1 Den Backofen vorheizen.
Ober-/Unterhitze: etwa 180 °C
Heißluft: etwa 160 °C

2 Für den Teig Mehl mit Backpulver in einer Rührschüssel vermischen.
Zucker, Vanillin-Zucker, Salz, Eigelb, Butter oder Margarine und Milch
hinzufügen. Die Zutaten mit Handrührgerät mit Rührbesen zunächst kurz auf
niedrigster, dann auf höchster Stufe in etwa 2 Minuten zu einem glatten Teig
verarbeiten.

3 Den Teig auf ein Backblech (30 x 40 cm, gefettet) geben und glatt
streichen. Das Backblech auf mittlerer Einschubleiste in den vorgeheizten
Backofen schieben. Den Kuchenboden **etwa 20 Minuten vorbacken.**

4 Für den Belag Eiweiß steif schlagen, Zucker nach und nach hinzufügen.
Kokosraspel vorsichtig unterheben. Die Masse auf dem vorgebackenen
Boden verteilen. Nach Belieben die Oberfläche mit einem Tortengarnierkamm
wellenförmig verzieren.

5 Die Backofentemperatur herunterschalten.
Ober-/Unterhitze: etwa 160 °C
Heißluft: etwa 140 °C

6 Das Backblech wieder in den Backofen schieben und den Kuchen
weitere **etwa 15 Minuten backen.**

7 Das Backblech auf einen Kuchenrost stellen. Kuchen erkalten lassen.

Das Gebäck kann mehrere Tage in einer gut schließenden Dose aufbe-
wahrt werden.

Zubereitungszeit: 15 Minuten • Backzeit: etwa 35 Minuten
Insgesamt: E: 76 g, F: 336 g, Kh: 566 g, kJ: 23523, kcal: 5622, BE: 46,5

194 | Blechkuchen

Pro Kuchen etwa 2,90 €

Fruchtig

Birnen-Schoko-Kuchen

Zum Vorbereiten: 1 Dose Birnenhälften (Abtropfgewicht 460 g) •
120 g Zartbitter-Schokolade
Für den All-in-Teig: 250 g Weizenmehl • 4 gestr. TL Dr. Oetker Backin •
200 g Zucker • 1 Pck. Dr. Oetker Vanillin-Zucker • 4 Eier (Größe M) •
125 g weiche Butter oder Margarine • 125 g Schlagsahne
Zum Besprenkeln: 80 g Zartbitter-Schokolade

1 Zum Vorbereiten Birnenhälften gut abtropfen lassen und mit Küchenpapier trocken tupfen. Schokolade in Stücke brechen, in einem kleinen Topf im Wasserbad bei schwacher Hitze schmelzen, etwas abkühlen lassen.

2 Den Backofen vorheizen.
Ober-/Unterhitze: etwa 180 °C
Heißluft: etwa 160 °C

3 Für den Teig Mehl mit Backpulver in einer Rührschüssel mischen. Zucker, Vanillin-Zucker, Eier, Butter oder Margarine, Schokolade und Sahne hinzufügen. Die Zutaten mit Handrührgerät mit Rührbesen zunächst kurz auf niedrigster, dann auf höchster Stufe in etwa 2 Minuten zu einem glatten Teig verarbeiten.

4 Den Teig auf ein Backblech (30 x 40 cm, gefettet) geben und glatt streichen. Birnenhälften in dünne Spalten schneiden und gleichmäßig auf dem Teig verteilen. Das Backblech im unteren Drittel in den vorgeheizten Backofen schieben. Den Kuchen **etwa 30 Minuten backen.**

5 Das Backblech auf einen Kuchenrost stellen. Den Kuchen erkalten lassen.

6 Zum Besprenkeln die Schokolade wie unter Punkt 1 angegeben schmelzen. Den Kuchen mithilfe eines Teelöffels mit der Schokolade besprenkeln.

Der Schoko-Birnen-Kuchen kann bereits 1–2 Tage vor dem Verzehr zubereitet werden.

Statt Birnen können auch Sauerkirschen oder Aprikosen verwendet werden, pro Kuchen sparen Sie etwa 0,40 €.

Zubereitungszeit: 30 Minuten, ohne Abkühlzeit • Backzeit: etwa 30 Minuten
Insgesamt: E: 73 g, F: 246 g, Kh: 572 g, kJ: 20082, kcal: 4801, BE: 47,5

Pro Kuchen etwa 5,00 €

Für Kinder

Knusperkissen (im Foto vorn)

Für den Teig: ½ Pck. (225 g) TK-Blätterteig (5 quadratische Scheiben)
Zum Bestreichen: 1 Eigelb • 1 EL Milch
Für die Streusel: 175 g Weizenmehl • 75 g Zucker • 100 g Butter
Für die Füllung: 250 g gekühlte Schlagsahne • 25 g gesiebter Puderzucker •
1 Pck. Sahnesteif • 150 g Sahne-Pudding Bourbon-Vanille (aus dem Kühlregal)
Zum Bestäuben: etwas Puderzucker

1 Die Blätterteigplatten nebeneinander auf die Arbeitsfläche legen und nach Packungsanleitung auftauen lassen.

2 Den Backofen vorheizen.
Ober-/Unterhitze: etwa 200 °C
Heißluft: etwa 180 °C

3 Die Platten aufeinanderlegen, auf der bemehlten Arbeitsfläche zu einer Platte (etwa 40 x 20 cm) ausrollen. Daraus mit einem scharfen Messer 8 Quadrate (etwa 10 x 10 cm) schneiden und auf das Backblech legen. Eigelb mit Milch verrühren, die Quadrate damit bestreichen.

4 Für die Streusel Mehl, Zucker und Butter in eine Rührschüssel geben und mit Handrührgerät mit Rührbesen zu Streuseln von gewünschter Größe verarbeiten. Die Streusel gleichmäßig auf den Teigplatten verteilen. Das Backblech auf mittlerer Einschubleiste in den vorgeheizten Backofen schieben. Die Kissen **etwa 20 Minuten backen.**

5 Die Knusperkissen auf einem Kuchenrost erkalten lassen. Von jedem Gebäck vorsichtig mit einem Sägemesser waagerecht einen Deckel abschneiden.

6 Für die Füllung Sahne mit Puderzucker und Sahnesteif steif schlagen und unter den Vanille-Pudding heben. Die Creme mit einem Esslöffel oder einem Spritzbeutel auf den Gebäckböden verteilen, die Deckel auflegen und die Knusperkissen mit Puderzucker bestäuben.

↻ Bereiten Sie aus dem restlichen Blätterteig aus der Packung (225 g) Prasselschnitten (im Foto hinten, für 10 Stück: etwa 1,50 €) zu. Dazu die aufgetauten Teigplatten halbieren und auf ein mit Backpapier belegtes Backblech legen. Streusel wie im Rezept beschrieben zubereiten. Die Teigstreifen mit etwa 40 g Konfitüre bestreichen und mit Streuseln bestreuen. Die Streusel

Zubereitungszeit: 40 Minuten, ohne Auftau- und Kühlzeit • Backzeit: etwa 20 Minuten
Pro Stück: E: 6 g, F: 29 g, Kh: 46 g, kJ: 1987, kcal: 475, BE: 4,0

198 | Blechkuchen

leicht andrücken. Die Prasselschnitten wie im Rezept angegeben backen. Erkaltete Prasselschnitten nach Belieben mit einem Guss (75 g gesiebter Puderzucker, verrührt mit 1 Esslöffel Zitronensaft) besprenkeln.

Einfach lecker – gut vorzubereiten

Mandarinen-Mandel-Kuchen

Für den Belag: 2 Dosen Mandarinen (Abtropfgewicht je 175 g) • 125 g Butter •
75 g Zucker • 4 EL Saft von den Mandarinen • 150 g gehobelte Mandeln
Für den Rührteig: 250 g Weizenmehl • 2 gestr. TL Dr. Oetker Backin •
250 g weiche Butter oder Margarine • 150 g Zucker • 1 Prise Salz •
1 Pck. Dr. Oetker Vanillin-Zucker • 3 Eier (Größe M) • 75 ml Milch

1 Für den Belag Mandarinen in einem Sieb abtropfen lassen, dabei den
Saft auffangen und 4 Esslöffel davon abmessen. Butter mit Zucker und
abgemessenem Saft unter Rühren erhitzen. Mandeln unterrühren. Die Masse
aufkochen, von der Kochstelle nehmen und etwas abkühlen lassen.

2 Den Backofen vorheizen.
Ober-/Unterhitze: etwa 180 °C
Heißluft: etwa 160 °C

3 Für den Teig Mehl mit Backpulver vermischen. Butter oder Margarine mit
Handrührgerät mit Rührbesen auf höchster Stufe geschmeidig rühren. Nach
und nach Zucker, Salz und Vanillin-Zucker unterrühren. So lange rühren, bis
eine gebundene Masse entstanden ist.

4 Eier nach und nach unterrühren (jedes Ei etwa ½ Minute). Mehlgemisch
und Milch abwechselnd in jeweils 2 Portionen auf mittlerer Stufe unterrühren.

5 Den Teig auf ein Backblech (30 x 40 cm, gefettet) geben und glatt streichen. Mandarinen auf dem Teig verteilen. Mandelmasse mit einem Esslöffel
darauf verteilen.

6 Das Backblech auf mittlerer Einschubleiste in den vorgeheizten Backofen
schieben. Den Kuchen **etwa 25 Minuten backen.**

7 Das Backblech auf einen Kuchenrost stellen. Den Kuchen erkalten lassen
und in Stücke schneiden.

Für einen Stachelbeerkuchen (pro Kuchen: etwa 5,10 €) 1 Glas Stachelbeeren (Abtropfgewicht 390 g) verwenden.

Zubereitungszeit: 25 Minuten, ohne Abkühlzeit • Backzeit: etwa 25 Minuten
Insgesamt: E: 78 g, F: 420 g, Kh: 490 g, kJ: 25725, kcal: 6147, BE: 41,0

Pro Kuchen etwa 4,70 €

Dauert etwas länger

Holzfällerschnitten

Für den Hefeteig: 175 ml Milch • 75 g Butter oder Margarine • 375 g Weizenmehl •
1 Pck. Dr. Oetker Trockenbackhefe • 100 g Zucker • 1 Prise Salz
Für den Belag: 1 Pck. Dr. Oetker Pudding-Pulver Vanille-Geschmack • 100 g Zucker •
500 ml (½ l) Milch • 4 Eigelb (Größe M) • 750 g Magerquark • 1 Pck. Pudding-Pulver
Vanille-Geschmack • 4 Eiweiß (Größe M) • 100 g gestiftelte Mandeln
Zum Bestäuben: 2 EL Puderzucker

1 Für den Teig Milch in einem kleinen Topf erwärmen und Butter oder Margarine darin zerlassen. Mehl in eine Rührschüssel geben und sorgfältig mit der Trockenbackhefe vermischen.

2 Restliche Zutaten und die warme Milch-Fett-Mischung hinzufügen. Die Zutaten mit Handrührgerät mit Knethaken erst kurz auf niedrigster, dann auf höchster Stufe in etwa 5 Minuten zu einem glatten Teig verarbeiten. Den Teig zugedeckt so lange an einem warmen Ort gehen lassen, bis er sich sichtbar vergrößert hat.

3 Den Hefeteig leicht mit Mehl bestäuben und auf der leicht bemehlten Arbeitsfläche nochmals gut durchkneten. Teig in einer Fettpfanne oder auf einem Backblech mit hohem Rand (30 x 40 cm, gefettet) ausrollen. Den Teig noch mal gehen lassen, bis er sich sichtbar vergrößert hat.

4 Den Backofen vorheizen.
Ober-/Unterhitze: etwa 180 °C
Heißluft: etwa 160 °C

5 Für den Belag aus Pudding-Pulver, Zucker und Milch nach Packungsanleitung einen Pudding zubereiten und etwas abkühlen lassen. Dann Eigelb, Quark und Pudding-Pulver unterrühren. Eiweiß sehr steif schlagen und vorsichtig unter die Masse heben. Die Masse auf dem Teig verstreichen und mit den Mandeln bestreuen. Fettpfanne oder Backblech im unteren Drittel in den vorgeheizten Backofen schieben. Kuchen **etwa 50 Minuten backen.**

6 Den Kuchen in der Fettpfanne oder auf dem Backblech auf einen Kuchenrost stellen. Kuchen erkalten lassen und mit Puderzucker bestäuben.

Zubereitungszeit: 20 Minuten, ohne Teiggeh- und Abkühlzeit • Backzeit: etwa 50 Minuten
Insgesamt: E: 200 g, F: 680 g, Kh: 620 g, kJ: 21160, kcal: 5060, BE: 50,0

Pro Kuchen etwa **4,60 €**

Einfach

Wattekuchen mit Mandarinen

Für den All-in-Teig: 300 g Weizenmehl • 3 gestr. TL Dr. Oetker Backin • 300 g Zucker • ½ Pck. Dr. Oetker Finesse Orangenschalen-Aroma • 1 EL Orangensaft • 4 Eier (Größe M) • 150 ml Sonnenblumenöl • 150 ml Zitronenlimonade
Für den Belag: 2 Dosen Mandarinen (Abtropfgewicht je 175 g) • 340 g Aprikosenkonfitüre • ½ Pck. Finesse Orangenschalen-Aroma
Für den Guss: 100 g Puderzucker • 2–3 TL Orangensaft

1 Den Backofen vorheizen.
Ober-/Unterhitze: etwa 180 °C
Heißluft: etwa 160 °C

2 Für den Teig Mehl mit Backpulver in einer Rührschüssel mischen. Zucker, Orangenschalen-Aroma, Orangensaft, Eier, Speiseöl und Limonade hinzufügen. Die Zutaten mit Handrührgerät mit Rührbesen auf höchster Stufe in 2 Minuten zu einem glatten Teig verarbeiten.

3 Den Teig auf ein Backblech (30 x 40 cm, gefettet, bemehlt) geben und glatt streichen. Das Backblech auf mittlerer Einschubleiste in den vorgeheizten Backofen schieben. Den Kuchen **etwa 20 Minuten backen.**

4 Das Backblech auf einen Kuchenrost stellen, Kuchen abkühlen lassen.

5 Für den Belag die Mandarinen in einem Sieb gut abtropfen lassen. Aprikosenkonfitüre unter Rühren in einem Topf kurz aufkochen. Mandarinen und Orangenschalen-Aroma unterrühren. Die Masse auf dem Kuchen verteilen und erkalten lassen.

6 Für den Guss Puderzucker mit Orangensaft zu einem Guss verrühren und mit einem Teelöffel auf den Kuchen träufeln.

Bestreuen Sie den noch feuchten Guss mit 50 g Vollmilch-Raspelschokolade oder Schokostreuseln (Zusatzkosten: etwa 0,50 €).
Statt Orangensaft können Sie auch den Mandarinensaft aus der Dose verwenden.

Zubereitungszeit: 25 Minuten, ohne Abkühlzeit • Backzeit: etwa 20 Minuten
Insgesamt: E: 63 g, F: 187 g, Kh: 941 g, kJ: 23952, kcal: 5726, BE: 78,5

Pro Kuchen etwa 4,50 €

Schnell – gelingt jedem

Blitzkuchen

Für den Rührteig: 300 g weiche Butter oder Margarine • 200 g Zucker •
1 Pck. Dr. Oetker Vanillin-Zucker • 1 Prise Salz • 5 Eier (Größe M) • 300 g Weizenmehl •
2 gestr. TL Dr. Oetker Backin • 100 g abgezogene, gemahlene Mandeln
Für den Belag: 100 g gehackte Mandeln • 50 g gehobelte Mandeln •
100 g feiner Kandiszucker (Grümmel)

1 Den Backofen vorheizen.
Ober-/Unterhitze: etwa 180 °C
Heißluft: etwa 160 °C

2 Für den Teig Butter oder Margarine mit Handrührgerät mit Rührbesen auf
höchster Stufe geschmeidig rühren. Nach und nach Zucker, Vanillin-Zucker
und Salz unterrühren. So lange rühren, bis eine gebundene Masse entstanden
ist. Eier nach und nach unterrühren (jedes Ei etwa ½ Minute).

3 Mehl mit Backpulver mischen und in 2 Portionen kurz auf mittlerer Stufe
unterrühren. Mandeln unterheben. Den Teig auf ein Backblech (30 x 40 cm,
gefettet) geben und glatt streichen.

4 Für den Belag gehackte und gehobelte Mandeln mit Zucker mischen und
auf den Teig streuen. Das Backblech auf mittlerer Einschubleiste in den vorgeheizten Backofen schieben. Den Kuchen **25–30 Minuten backen.**

5 Das Backblech auf einen Kuchenrost stellen. Kuchen erkalten lassen.

Besonders saftig wird der Kuchen, wenn Sie direkt nach dem Backen
200 g flüssige Schlagsahne auf dem heißen Kuchen verteilen (Zusatzkosten:
etwa 0,50 €).

Für einen Mandel-Blitz-Gugelhupf (pro Kuchen: etwa 4,10 €) den
Rührteig wie beschrieben zubereiten und zum Schluss zusätzlich 50 g gehackte Mandeln unter den Teig heben. Dann eine Gugelhupfform
(Ø 22 cm, gefettet) mit 25 g gehobelten Mandeln ausstreuen und den Teig
in die Form geben. Die Form auf dem Rost im unteren Drittel bei gleicher
Backofeneinstellung in den vorgeheizten Backofen schieben. Den Kuchen
etwa 50 Minuten backen.

Zubereitungszeit: 20 Minuten • Backzeit: 25–30 Minuten
Insgesamt: E: 112 g, F: 426 g, Kh: 530 g, kJ: 26872, kcal: 6421, BE: 44,0

Pro Kuchen etwa 5,00 €

Erfrischend

Zitronen-Sahne-Rolle

Für den Biskuitteig: 4 Eier (Größe M) • 1 Eigelb (Größe M) • 80 g Zucker •
1 Pck. Dr. Oetker Vanillin-Zucker • 80 g Weizenmehl • ½ gestr. TL Dr. Oetker Backin
Für die Füllung: 4 Blatt weiße Gelatine • 400 g gekühlte Schlagsahne • 4 EL Zitronensaft •
70 g gesiebter Puderzucker • 1 Pck. Dr. Oetker Finesse Geriebene Zitronenschale
Außerdem: 1–2 TL Puderzucker

1 Den Backofen vorheizen.
Ober-/Unterhitze: etwa 200 °C

2 Für den Teig Eier und Eigelb in einer Rührschüssel mit Handrührgerät mit Rührbesen auf höchster Stufe in 1 Minute schaumig schlagen. Zucker mit Vanillin-Zucker mischen, unter Rühren in 1 Minute einstreuen und die Masse weitere 2 Minuten schlagen.

3 Mehl mit Backpulver mischen und kurz auf niedrigster Stufe unterrühren. Den Teig gleichmäßig auf ein Backblech (30 x 40 cm, gefettet, mit Backpapier belegt) streichen. Das Backblech auf mittlerer Einschubleiste in den vorgeheizten Backofen schieben. Die Biskuitplatte **etwa 10 Minuten backen.**

4 Die Biskuitplatte sofort nach dem Backen vom Rand lösen, auf ein mit Zucker bestreutes Backpapier stürzen und mit Backpapier erkalten lassen.

5 Für die Füllung Gelatine nach Packungsanleitung einweichen. Schlagsahne fast steif schlagen. Gelatine leicht ausdrücken und in einem kleinen Topf unter Rühren auflösen. Zitronensaft, Puderzucker und Zitronenschale unter die aufgelöste Gelatine rühren.

6 Erst etwa 2 Esslöffel der Sahne mit einem Schneebesen mit der Gelatinemischung verrühren, dann sofort die Gelatinemasse unter die Sahne schlagen und die Sahne vollständig steif schlagen.

7 Mitgebackenes Backpapier vorsichtig von der Biskuitplatte abziehen. Biskuitplatte mit der Zitronensahne bestreichen, von der längeren Seite her aufrollen, mindestens 2 Stunden in den Kühlschrank stellen.

8 Vor dem Servieren die Rolle mit Puderzucker bestäuben.

Zubereitungszeit: 45 Minuten, ohne Kühlzeit • Backzeit: etwa 10 Minuten
Insgesamt: E: 48 g, F: 160 g, Kh: 272 g, kJ: 11520, kcal: 2752, BE: 24,0

Pro Kuchen etwa 3,50 €

↻ Für eine einfache Biskuitrolle (pro Kuchen: etwa 2,50 €) aus 5 Eiern (Größe M), 1 Eigelb (Größe M), 75 g Zucker, 1 Pck. Dr. Oetker Vanillin-Zucker, 90 g Weizenmehl und ½ gestr. Teelöffel Dr. Oetker Backin wie im Rezept beschrieben einen Biskuitteig zubereiten, backen, stürzen und erkalten lassen. Etwa 375 g Konfitüre pürieren oder durch ein Sieb streichen. Das mitgebackene Backpapier von der Biskuitplatte vorsichtig abziehen und die Biskuitplatte mit der Konfitüre bestreichen. Die Biskuitplatte von der längeren Seite her aufrollen und mit Puderzucker bestäuben.

Einfach

Sägespänekuchen

Für den All-in-Teig: 150 g Weizenmehl • 50 g Speisestärke • 15 g Kakaopulver • 4 gestr. TL Dr. Oetker Backin • 200 g Zucker • 1 Pck. Dr. Oetker Vanillin-Zucker • 1 Prise Salz • 4 Eier (Größe M) • 200 g weiche Butter oder Margarine • 2–3 EL Milch
Für die Buttercreme: 1 Pck. Dr. Oetker Pudding-Pulver Vanille-Geschmack • 500 ml (½ l) Milch • 75 g Zucker • 200 g weiche Butter
Für den Belag: 75 g Butter • 100 g Zucker • 200 g Kokosraspel

1 Den Backofen vorheizen.
Ober-/Unterhitze: etwa 180 °C
Heißluft: etwa 160 °C

2 Für den Teig Mehl mit Speisestärke, Kakao und Backpulver in einer Rührschüssel mischen. Restliche Zutaten hinzufügen und mit Handrührgerät mit Rührbesen zunächst kurz auf niedrigster, dann auf höchster Stufe in etwa 2 Minuten zu einem glatten Teig verarbeiten.

3 Den Teig auf ein Backblech (30 x 40 cm, gefettet) geben und glatt streichen. Das Backblech auf mittlerer Einschubleiste in den vorgeheizten Backofen schieben. Den Boden **etwa 20 Minuten backen.**

4 Backblech auf einen Kuchenrost stellen. Kuchenboden erkalten lassen.

5 Für die Buttercreme einen Pudding nach Packungsanleitung aus Pudding-Pulver und Milch, aber nur mit 75 g Zucker zubereiten und sofort in eine Schüssel geben. Frischhaltefolie direkt auf den Pudding geben, damit sich keine Haut bildet, und den Pudding bei Zimmertemperatur erkalten lassen.

6 Butter mit Handrührgerät mit Rührbesen geschmeidig rühren, dann den Pudding esslöffelweise unterrühren. Dabei darauf achten, dass Pudding und Butter Zimmertemperatur haben, da die Creme sonst gerinnt. Die Buttercreme auf den Kuchen geben, glatt streichen und fest werden lassen.

7 Für den Belag „Sägespäne" zubereiten. Dazu Butter in einem Topf zerlassen. Zucker und Kokosraspel hinzufügen und unter Rühren leicht bräunen. „Sägespäne" etwas abkühlen lassen und gleichmäßig auf die Buttercreme streuen, evtl. leicht andrücken.

 Ohne „Sägespäne" lässt sich der Kuchen gut einfrieren.

Zubereitungszeit: 45 Minuten, ohne Abkühlzeit • Backzeit: etwa 20 Minuten
Insgesamt: E: 80 g, F: 578 g, Kh: 607 g, kJ: 33224, kcal: 7940, BE: 50,0

Pro Kuchen etwa **4,35 €**

Einfach lecker

Apfel-Zimt-Schnecken

Für die Füllung: 400 g säuerliche Äpfel • 50 g Zucker • ½ TL gemahlener Zimt •
1 EL Zitronensaft • 40 g Butter • 1 leicht geh. EL Weizenmehl
Für den Hefeteig: 375 g Weizenmehl • 1 Pck. Dr. Oetker Hefeteig Garant •
50 g Zucker • 180 g Schlagsahne • 100 g weiche Butter oder Margarine
Zum Bestreichen und Bestreuen: 20 g Schlagsahne • 1 EL Zimt-Zucker

1 Für die Füllung Äpfel schälen, vierteln, entkernen und fein würfeln. Apfelwürfel mit Zucker, Zimt, Zitronensaft und Butter in einen Topf geben, bei mittlerer Hitze unter Rühren aufkochen lassen. Mehl auf die Apfelmasse streuen und unterrühren. Masse unter Rühren kräftig aufkochen lassen.

2 Die Apfelmasse von der Kochstelle nehmen und abkühlen lassen, dabei gelegentlich umrühren. Ein Backblech mit Backpapier belegen, einen weiteren Bogen Backpapier bereitlegen.

3 Für den Teig Mehl in eine Rührschüssel geben und sorgfältig mit Hefeteig Garant vermischen. Zucker, Sahne und Butter oder Margarine hinzufügen. Die Zutaten mit Handrührgerät mit Knethaken zunächst kurz auf niedrigster, dann auf höchster Stufe in etwa 2 Minuten zu einem Teig verarbeiten.

4 Den Teig leicht mit Mehl bestäuben, auf der leicht bemehlten Arbeitsfläche kurz durchkneten und zu einem Rechteck (etwa 30 x 45 cm) ausrollen. Die Apfelmasse darauf verstreichen, dabei an den langen Seiten einen etwa 2 cm breiten Rand frei lassen.

5 Den Backofen vorheizen.
Ober-/Unterhitze: etwa 180 °C
Heißluft: etwa 160 °C

6 Den Teig von der längeren Seite her aufrollen. Die Rolle quer halbieren und jede Hälfte in 8 Scheiben schneiden. Die Teigscheiben mit Abstand auf dem vorbereiteten Backblech und dem Backpapierbogen verteilen und 5 Minuten stehen lassen.

7 Die Teigscheiben mithilfe eines Backpinsels mit Sahne bestreichen und mit Zimt-Zucker bestreuen. Das Backblech auf mittlerer Einschubleiste in den vorgeheizten Backofen schieben. Die Schnecken **etwa 20 Minuten backen.**

Zubereitungszeit: 45 Minuten, ohne Teiggeh- und Abkühlzeit • Backzeit: etwa 20 Minuten je Backblech
Pro Stück: E: 3 g, F: 8 g, Kh: 28 g, kJ: 865, kcal: 207, BE: 2,5

212 | Blechkuchen

Für 16 Schnecken etwa **3,20 €**

8 Die Apfelschnecken mit dem Backpapier auf einen Kuchenrost ziehen. Den zweiten Bogen mit den Schnecken auf das Backblech ziehen und wie die ersten Schnecken backen. Schnecken erkalten lassen.

Für Marzipanschnecken (im Foto links, für 16 Schnecken: etwa 4,35 €) für die Füllung 200 g Marzipan-Rohmasse fein würfeln und mit 100 g weicher Butter oder Margarine mit Handrührgerät mit Rührbesen schaumig rühren. 1 Ei (Größe M) unterrühren. Den Hefeteig wie im Rezept beschrieben zubereiten. Statt der Apfelfüllung die Marzipanfüllung aufstreichen. Je 100 g gehackte Mandeln und Rosinen daraufstreuen und einrollen. Teigrolle in Scheiben schneiden und vor dem Backen mit Sahne bestreichen (sie müssen nicht mit Zimt-Zucker bestreut werden). Die noch warmen Marzipanschnecken mit einem Guss aus 100 g Puderzucker und 2–3 Esslöffeln Zitronensaft bestreichen.

Für Gäste

Kirschbutter-Kuchen

Zum Vorbereiten: 2 Gläser Sauerkirschen (Abtropfgewicht je 370 g)
Für den Quark-Öl-Teig: 300 g Weizenmehl • 1 Pck. Dr. Oetker Backin •
150 g Magerquark • 100 ml Milch • 100 ml Sonnenblumenöl • 80 g Zucker •
1 Pck. Dr. Oetker Vanillin-Zucker • 1 Prise Salz
Für die Kirschbutter: 4 EL Kirschkonfitüre • 125 g weiche Butter • 3 Eigelb (Größe M) •
3 Eiweiß (Größe M) • 75 g Zucker

1 Zum Vorbereiten Sauerkirschen in einem Sieb gut abtropfen lassen.

2 Den Backofen vorheizen.
Ober-/Unterhitze: etwa 180 °C
Heißluft: etwa 160 °C

3 Für den Teig Mehl mit Backpulver in einer Rührschüssel mischen. Quark, Milch, Sonnenblumenöl, Zucker, Vanillin-Zucker und Salz hinzufügen. Die Zutaten mit Handrührgerät mit Knethaken zunächst kurz auf niedrigster, dann auf höchster Stufe in etwa 1 Minute zu einem Teig verarbeiten (nicht zu lange, Teig klebt sonst). Den Teig auf einer bemehlten Arbeitsfläche zu einer Rolle formen.

4 Den Teig auf einem Backblech (30 x 40 cm, gefettet) ausrollen. Sauerkirschen darauf verteilen.

5 Für die Kirschbutter Konfitüre mit Butter und Eigelb gut verrühren. Eiweiß steif schlagen und den Zucker unterrühren. Die Eiweißmasse unter die Kirschbutter heben und auf den mit Sauerkirschen belegten Teig streichen.

6 Das Backblech auf mittlerer Einschubleiste in den vorgeheizten Backofen schieben. Den Kuchen **etwa 30 Minuten backen.**

7 Das Backblech auf ein Kuchenrost stellen, den Kuchen erkalten lassen.

Für einen Kirschkuchen mit Streuseln (pro Kuchen: etwa 4,75 €) statt der Kirschbutter Mandelstreusel auf die Sauerkirschen gegeben. Dafür aus 250 g Weizenmehl, 200 g Zucker und 200 g Butter Streusel von gewünschter Größe zubereiten, 100 g gehobelte Mandeln unterheben. Die Streusel auf die Kirschen streuen. Den Kuchen bei der oben angegebenen Backofeneinstellung etwa 40 Minuten backen.

Zubereitungszeit: 40 Minuten • Backzeit: etwa 30 Minuten
Insgesamt: E: 82 g, F: 241 g, Kh: 618 g, kJ: 21029, kcal: 5023, BE: 51,5

4,25 €

Pro Kuchen etwa

Einfach

Zuckerkuchen

Für den Hefeteig: 50 g Butter • 375 g Weizenmehl • 1 Pck. Hefeteig Garant • 75 g Zucker •
1 Pck. Dr. Oetker Vanillin-Zucker • 1 Prise Salz • 1 Ei (Größe M) • 150 ml Milch
Für den Belag: 75 g kalte Butter • 120 g Zucker • 150 g saure Sahne

1 Für den Teig Butter zerlassen und abkühlen lassen. Mehl in einer Rühr-schüssel sorgfältig mit Hefeteig Garant vermischen. Zucker, Vanillin-Zucker, Salz, Ei, Milch und Butter hinzufügen und mit Handrührgerät mit Knethaken zunächst kurz auf niedrigster, dann auf höchster Stufe in 2 Minuten zu einem glatten Teig verarbeiten.

2 Den Teig dann auf der leicht bemehlten Arbeitsfläche zu einer Rolle ver-kneten und auf einem Backblech (30 x 40 cm, gefettet) ausrollen.

3 Den Backofen vorheizen.
Ober-/Unterhitze: etwa 200 °C
Heißluft: etwa 180 °C

4 Für den Belag die Butter in Flöckchen gleichmäßig auf den Teig setzen. Den Zucker daraufstreuen. Das Backblech auf mittlerer Einschubleiste in den vorgeheizten Backofen schieben. Den Kuchen **etwa 20 Minuten backen.**

5 Etwa 5 Minuten vor dem Ende der Backzeit das Gebäck gleichmäßig mit saurer Sahne bestreichen und fertig backen.

6 Das Backblech auf einen Kuchenrost stellen und den Kuchen erkalten lassen.

Der Zuckerkuchen eignet sich zum Einfrieren, schmeckt aber am besten frisch.

Zusätzlich können noch 50 g gehobelte Mandeln oder gehackte Hasel-nusskerne auf den Teig gestreut werden (Zusatzkosten: etwa 0,50 €).

Zubereitungszeit: 20 Minuten, ohne Abkühlzeit • Backzeit: etwa 20 Minuten
Insgesamt: E: 58 g, F: 143 g, Kh: 493 g, kJ: 14881, kcal: 3556, BE: 41,0

Pro Kuchen etwa 2,30 €

Für Kinder

Schokoladen-Aprikosen-Kuchen

Für den Belag: 2 Dosen Aprikosenhälften (Abtropfgewicht je 480 g)
Für den Teig: 200 g Weizenmehl • 2 ½ TL Dr. Oetker Backin • 3 EL Kakaopulver •
5 Eier (Größe M) • 125 g Zucker • 200 g weiche Butter •
150 g Schokoladenpudding aus dem Kühlregal
Zum Bestreichen: 2 EL Fruchtaufstrich Aprikose (ohne Fruchtstücke) oder Aprikosenkonfitüre

1   Für den Belag Aprikosenhälften in einem Sieb abtropfen lassen.

2   Den Backofen vorheizen.
Ober-/Unterhitze: etwa 180 °C
Heißluft: etwa 160 °C

3   Für den Teig Mehl mit Back- und Kakaopulver in einer Rührschüssel mischen. Restliche Zutaten hinzufügen und mit Handrührgerät mit Rührbesen auf höchster Stufe etwa 2 Minuten zu einem glatten Teig verarbeiten.

4   Einen Backrahmen in der Größe des Backbleches auf ein Backblech (30 x 40 cm, gefettet) stellen. Den Teig einfüllen und glatt streichen. Die Aprikosenhälften mit der Wölbung nach oben auf dem Teig verteilen.

5   Das Backblech im unteren Drittel in den vorgeheizten Backofen schieben. Den Kuchen **etwa 30 Minuten backen.**

6   Das Backblech auf einen Kuchenrost stellen. Kuchen erkalten lassen.

7   Zum Bestreichen den Fruchtaufstrich in einem kleinen Topf zum Kochen bringen und die Aprikosen damit bestreichen.

Der Kuchen kann auch in einer Fettpfanne zubereitet werden, wenn Sie keinen Backrahmen haben.

Für einen Schokoladen-Pfirsich-Kuchen (pro Kuchen: etwa 5,10 €) verwenden Sie statt der Aprikosen 2 Dosen Tortenpfirsiche (Abtropfgewicht je 500 g). Diese gut abtropfen lassen und auf dem Teig verteilen. Zum Bestreichen des Kuchens brauchen Sie dann 3 Esslöffel Aprikosenkonfitüre.

Zubereitungszeit: 15 Minuten, ohne Abkühlzeit • Backzeit: etwa 30 Minuten
Insgesamt: E: 73 g, F: 229 g, Kh: 486 g, kJ: 18225, kcal: 4352, BE: 40,5

Pro Kuchen etwa **4,95 €**

Schnell und einfach

Haselnusskuchen

Für den Belag: 150 g Zucker • 125 g Butter • 200 g gehobelte Haselnusskerne
Für den Knetteig: 375 g Weizenmehl • 2 TL Dr. Oetker Backin • 150 g Zucker •
1 Pck. Dr. Oetker Vanillin-Zucker • 2 Eier (Größe M) • 200 g Butter
Zum Bestreichen: 3–4 EL Aprikosenkonfitüre

Zubereitungszeit: 15 Minuten • Backzeit: 20–25 Minuten
Insgesamt: E: 76 g, F: 417 g, Kh: 671 g, kJ: 28349, kcal: 6776, BE: 56,0

1 Für den Belag Zucker mit Butter in einen Topf geben und unter Rühren aufkochen. Die Haselnusskerne unterrühren. Den Topf von der Kochstelle nehmen.

2 Den Backofen vorheizen.
Ober-/Unterhitze: etwa 200 °C
Heißluft: etwa 180 °C

3 Für den Teig Mehl mit Backpulver in einer Rührschüssel mischen. Restliche Teigzutaten hinzugeben und mit Handrührgerät mit Knethaken zunächst kurz auf niedrigster, dann auf höchster Stufe gut durcharbeiten.

4 Anschließend den Teig auf der bemehlten Arbeitsfläche zu einem glatten Teig verkneten. Den Teig auf einem Backblech (30 x 40 cm, gefettet) ausrollen. Das Backblech auf mittlerer Einschubleiste in den vorgeheizten Backofen schieben. Den Kuchen **etwa 10 Minuten vorbacken.**

5 Den vorgebackenen Boden zuerst mit der Aprikosenkonfitüre und dann mit der Haselnussmasse bestreichen. Das Backblech wieder in den Backofen schieben und den Kuchen bei der oben angegebenen Backofeneinstellung **weitere 10–15 Minuten backen.**

6 Das Backblech auf einen Kuchenrost stellen. Kuchen erkalten lassen.

Für einen Mandelkuchen (pro Kuchen: etwa 4,90 €) den Teig wie im Rezept beschrieben zubereiten und auf dem gefetteten Backblech ausrollen. Den Teig statt mit Aprikosenkonfitüre mit Beerenkonfitüre bestreichen. Den Belag bereiten Sie statt mit Haselnüssen mit gehobelten Mandeln zu.

Der Kuchen hält sich in Alufolie verpackt oder in einer gut schließenden Dose 3–4 Tage.

Pro Kuchen etwa **4,90 €**

Klassisch und beliebt

Wiener Apfelstrudel

Für den Strudelteig: 200 g Weizenmehl • 1 Prise Salz • 75 ml lauwarmes Wasser •
50 g zerlassene Butter oder Margarine oder 3 EL Speiseöl, z. B. Sonnenblumenöl
Für die Füllung: 1–1½ kg Äpfel, z. B. Cox Orange, Elstar • 75 g Butter oder Margarine •
50 g Semmelbrösel • 50 g Rosinen • 100 g Zucker • 1 Pck. Dr. Oetker Vanillin-Zucker •
50 g gehackte Mandeln

1 Für den Teig Mehl in eine Rührschüssel geben. Übrige Teigzutaten hinzufügen, mit Handrührgerät mit Knethaken erst kurz auf niedrigster, dann auf höchster Stufe zu einem glatten Teig verarbeiten. In einem kleinen Topf Wasser kochen, das Wasser ausgießen und den Topf abtrocknen. Den Teig auf Backpapier in den heißen Topf legen, zugedeckt 30 Minuten ruhen lassen.

2 Den Backofen vorheizen.
Ober-/Unterhitze: etwa 180 °C
Heißluft: etwa 160 °C

3 Für die Füllung Äpfel schälen, vierteln, entkernen und in feine Stifte schneiden. Butter oder Margarine zerlassen. Den Teig halbieren und jede Teighälfte auf einem großen bemehlten Geschirrtuch ausrollen.

4 Die Teige dünn mit etwas von dem Fett bestreichen, dann mit den Händen zu je einem Rechteck (etwa 35 x 25 cm) ausziehen. Die Ränder, wenn sie dicker sind, abschneiden. Zwei Drittel des Fettes auf den Teigplatten verstreichen, Brösel daraufstreuen (an den Rändern etwa 2 cm frei lassen).

5 Nacheinander Apfelstifte, Rosinen, Zucker, Vanillin-Zucker und Mandeln darauf verteilen. Die frei gelassenen Teigränder der kurzen Seiten auf die Füllung klappen. Die Teigplatten mithilfe des Tuches von der längeren Seite her aufrollen und an den Enden gut zusammendrücken.

6 Die Strudel mit der Naht nach unten auf ein Backblech (30 x 40 cm, gefettet) legen. Das Backblech im unteren Drittel in den vorgeheizten Backofen schieben. Die Strudel **etwa 50 Minuten backen.**

7 Nach etwa 30 Minuten Backzeit die Strudel mit dem übrigen Fett bestreichen. Nach dem Backen die Strudel auf dem Backblech auf einem Kuchenrost erkalten lassen oder warm servieren.

Zubereitungszeit: 50 Minuten, ohne Ruhezeit • Backzeit: etwa 50 Minuten
Insgesamt: E: 41 g, F: 147 g, Kh: 452 g, kJ: 13900, kcal: 3326, BE: 37,5

Für 2 Strudel etwa **3,80 €**

Dazu schmeckt Vanillesauce, die Sie mit etwas Zimt abschmecken können (Zusatzkosten für etwa 500 ml (½ l): etwa 0,60 €).

Schnell zubereitet

Russisch-Brot-Torte

Zum Vorbereiten: 1 Glas Sauerkirschen (Abtropfgewicht 370 g) •
100 g Russisch Brot (Gebäck in Buchstabenform)
Für den Rührteig: 200 g weiche Butter oder Margarine • 170 g Zucker • 4 Eier
(Größe M) • 220 g Weizenmehl • 3 gestr. TL Dr. Oetker Backin
Für den Guss: 1 Pck. ungezuckerter Tortenguss, klar • 250 ml (¼ l) Kirschsaft aus dem Glas •
20 g Zucker
Zum Garnieren: 200 g Schlagsahne • 1 EL gesiebter Puderzucker •
12 Buchstaben vom Russisch Brot

1 Zum Vorbereiten Sauerkirschen in einem Sieb abtropfen lassen, dabei den Saft für den Guss auffangen und 250 ml (¼ l) davon abmessen. Vom Russisch Brot 12 ganze Buchstaben zum Garnieren beiseitelegen. Restliche Buchstaben in einen Gefrierbeutel geben und den Beutel verschließen. Russisch Brot mit einer Teigrolle fein zerbröseln.

2 Den Backofen vorheizen.
Ober-/Unterhitze: etwa 180 °C
Heißluft: etwa 160 °C

3 Für den Teig Butter oder Margarine mit Handrührgerät mit Rührbesen auf höchster Stufe geschmeidig rühren. Zucker nach und nach unterrühren, so lange rühren, bis eine gebundene Masse entstanden ist. Eier nach und nach unterrühren (jedes Ei etwa ½ Minute).

4 Mehl mit Backpulver mischen, in 2 Portionen kurz auf mittlerer Stufe unterrühren. Russisch-Brot-Brösel unterrühren. Kirschen unterheben.

5 Den Teig in eine Springform (Ø 26 cm, gefettet) füllen und glatt streichen. Die Form auf dem Rost im unteren Drittel in den vorgeheizten Backofen schieben. Die Torte **etwa 40 Minuten backen.**

6 Die Form auf einen Kuchenrost stellen und etwa 10 Minuten abkühlen lassen. Dann den Rand der Springform lösen und entfernen. Die Torte erkalten lassen, dann vom Springformboden lösen und auf eine Platte legen.

7 Für den Guss aus Tortengusspulver, abgemessenem Saft und Zucker nach Packungsanleitung einen Guss zubereiten. Den Guss spiralförmig auf der Torte verteilen. Die Torte etwa 1 Stunde in den Kühlschrank stellen.

Zubereitungszeit: 30 Minuten, ohne Kühlzeit • Backzeit: etwa 40 Minuten
Insgesamt: E: 69 g, F: 264 g, Kh: 558 g, kJ: 20658, kcal: 4937, BE: 46,5

224 | Torten

Pro Torte etwa 4,55 €

8 Zum Garnieren die Sahne mit Puderzucker steif schlagen, in einen Spritzbeutel mit Lochtülle (Ø etwa 10 mm) füllen. 12 gleich große Tupfen, für jedes Tortenstück einen, am Rand der Tortenoberfläche aufspritzen. Jeweils einen Russisch-Brot-Buchstaben daransetzen.

Beliebt – gut vorzubereiten

Tränchentorte

Für den Knetteig: 150 g Weizenmehl • 1 gestr. TL Dr. Oetker Backin • 75 g Zucker •
1 Pck. Dr. Oetker Vanillin-Zucker • 1 Ei (Größe M) • 50 g Butter
Für den Belag: 1 Dose Mandarinen (Abtropfgewicht 175 g) • 500 g Magerquark •
150 g Zucker • 3 Eigelb (Größe M) • 1 Pck. Dr. Oetker Pudding-Pulver Vanille-Geschmack •
100 ml Speiseöl, z. B. Sonnenblumenöl • 3 TL Zitronensaft • 250 ml (¼ l) Milch
Für die Baisermasse: 3 Eiweiß (Größe M) • 100 g Zucker

1 Für den Teig Mehl mit Backpulver in einer Rührschüssel mischen. Restliche Teigzutaten hinzufügen, mit Handrührgerät mit Knethaken zunächst kurz auf niedrigster, dann auf höchster Stufe gut durcharbeiten. Dann den Teig auf der leicht bemehlten Arbeitsfläche kurz verkneten. Sollte er kleben, ihn in Frischhaltefolie gewickelt eine Zeit lang in den Kühlschrank stellen.

2 Zwei Drittel des Teiges auf dem Boden einer Springform (Ø 26 cm, gefettet) ausrollen und mehrmals mit einer Gabel einstechen. Den Springformrand um den Boden legen. Den Rest des Teiges zu einer Rolle formen, sie als Rand auf den Boden legen und so an die Form drücken, dass ein etwa 3 cm hoher Rand entsteht.

3 Den Backofen vorheizen.
Ober-/Unterhitze: etwa 180 °C
Heißluft: etwa 160 °C

4 Für den Belag Mandarinen in einem Sieb gut abtropfen lassen. Quark, Zucker, Eigelb, Pudding-Pulver, Öl, Zitronensaft und Milch verrühren. Die abgetropften Mandarinen unter die Quarkmasse heben, in die Springform füllen und glatt streichen. Die Form auf dem Rost im unteren Drittel in den vorgeheizten Backofen schieben. Die Torte **etwa 60 Minuten backen.**

5 Für die Baisermasse Eiweiß mit Handrührgerät mit Rührbesen auf höchster Stufe steif schlagen. Der Schnee muss so fest sein, dass ein Messerschnitt sichtbar bleibt, nach und nach Zucker unterschlagen.

6 Die Torte nach Beendigung der Backzeit aus dem Backofen nehmen, die Baisermasse darauf verstreichen. Die Torte auf mittlerer Einschubhöhe bei gleicher Backofeneinstellung noch **etwa 10 Minuten backen,** bis die Baisermasse Farbe angenommen hat.

Zubereitungszeit: 50 Minuten, ohne Kühlzeit • Backzeit: etwa 70 Minuten
Insgesamt: E: 120 g, F: 181 g, Kh: 540 g, kJ: 17964, kcal: 4291, BE: 45,0

Pro Torte etwa **3,30 €**

7 Die Torte etwa 10 Minuten auf einem Kuchenrost abkühlen lassen, dann aus der Form lösen und auf dem Kuchenrost erkalten lassen. Die „Tränchen" bilden sich erst, wenn die Torte richtig ausgekühlt ist.

Gelingt leicht

Apfeltorte mit Zwiebackhaube

Für die Füllung: 1 kg Äpfel • 125 ml (⅛ l) Wasser • 2 EL Zitronensaft
Für die Zwiebackhaube: 125 g Butter • 5 Zwiebäcke (60 g) • 75 g Zucker •
1 Pck. Dr. Oetker Vanillin-Zucker
Für den Rührteig: 200 g Weizenmehl • 1 ½ gestr. TL Dr. Oetker Backin • 125 g weiche
Butter • 100 g Zucker • 1 Pck. Vanillin-Zucker • 1 Prise Salz • 2 Eier (Größe M)
Zum Bestäuben: 1–2 TL Puderzucker

1 Für die Füllung Äpfel schälen, vierteln, entkernen und längs halbieren. Apfelachtel mit Wasser und Zitronensaft zugedeckt kurz aufkochen, dann 5–8 Minuten bei schwacher Hitze dünsten, abkühlen lassen.

2 Für die Zwiebackhaube die Butter in einem Topf zerlassen, dann abkühlen lassen. Die Zwiebäcke in Stücke brechen und in einen Gefrierbeutel füllen. Den Beutel verschließen. Die Zwiebackstücke mit der Teigrolle fein zerbröseln. Zwiebackbrösel mit Zucker, Vanillin-Zucker und Butter mischen.

3 Den Backofen vorheizen.
Ober-/Unterhitze: etwa 180 °C
Heißluft: etwa 160 °C

4 Für den Teig Mehl mit Backpulver in einer Schüssel vermischen. Butter mit Handrührgerät mit Rührbesen auf höchster Stufe geschmeidig rühren. Nach und nach Zucker, Vanillin-Zucker und Salz unterrühren. So lange rühren, bis eine gebundene Masse entstanden ist.

5 Die Eier nach und nach unterrühren (jedes Ei etwa ½ Minute). Mehlgemisch in 2 Portionen auf mittlerer Stufe unterrühren. Den Teig in eine Springform (Ø 26 cm, Boden gefettet) füllen und glatt streichen. Die Apfelachtel darauf verteilen, die Zwiebackmasse klecksweise daraufgeben.

6 Die Form auf dem Rost auf mittlerer Einschubleiste in den vorgeheizten Backofen schieben. Den Kuchen **etwa 50 Minuten backen.**

7 Die Form auf einen Kuchenrost stellen. Nach etwa 10 Minuten den Springformrand lösen und entfernen. Kuchen erkalten lassen.

Zubereitungszeit: 45 Minuten • Backzeit: etwa 50 Minuten
Insgesamt: E: 42 g, F: 230 g, Kh: 479 g, kJ: 17529, kcal: 4191, BE: 40,0

228 | Torten

Torte etwa **3,65 €**

8 Die Apfeltorte vor dem Servieren mit Puderzucker bestäuben.

🍰 Wenn die Äpfel etwas fester bleiben sollen, die Äpfel nicht dünsten, sondern nur mit Zitronensaft beträufeln. Sie können zusätzlich 2–3 Esslöffel abgezogene, gemahlene Mandeln unter die Zwiebackbrösel mischen (Zusatzkosten: etwa 0,45 €).

Beliebter Klassiker – zum Vorbereiten

Zitronen-Quark-Sahne-Torte

Für den Rührteig: 150 g weiche Butter oder Margarine • 150 g Zucker • 1 Prise Salz •
3 Eier (Größe M) • 125 g Weizenmehl • 25 g Speisestärke • 1 gestr. TL Dr. Oetker Backin
Für die Füllung: 10 Blatt weiße Gelatine • 400 g gekühlte Schlagsahne •
1 Pck. Dr. Oetker Finesse Geriebene Zitronenschale • 100 ml Zitronensaft •
150 g Zucker • 500 g Magerquark • 250 g Speisequark (40 % Fett i. Tr.)
Zum Bestäuben: 1–2 TL Puderzucker

1 Den Backofen vorheizen.
Ober-/Unterhitze: etwa 180 °C
Heißluft: etwa 160 °C

2 Für den Teig Butter oder Margarine in einer Rührschüssel mit Handrühr-gerät mit Rührbesen auf höchster Stufe geschmeidig rühren. Nach und nach Zucker und Salz unterrühren. So lange rühren, bis eine gebundene Masse entstanden ist. Eier nach und nach unterrühren (jedes Ei etwa ½ Minute).

3 Mehl mit Speisestärke und Backpulver mischen, in 2 Portionen kurz auf mittlerer Stufe unterrühren. Den Teig in eine Springform (Ø 26 cm, Boden gefettet) füllen und glatt streichen.

4 Die Form auf dem Rost auf mittlerer Einschubleiste in den vorgeheizten Backofen schieben. Den Tortenboden **etwa 25 Minuten backen.**

5 Den Boden aus der Form lösen und auf einem Kuchenrost erkalten lassen, anschließend einmal waagerecht durchschneiden. Den unteren Boden auf eine Tortenplatte legen. Den gesäuberten Springformrand darumstellen.

6 Für die Füllung Gelatine nach Packungsanleitung einweichen. Inzwischen Sahne steif schlagen. Zitronenschale mit Zitronensaft, Zucker und Quark gut verrühren. Die Gelatine leicht ausdrücken und in einem kleinen Topf bei schwacher Hitze unter Rühren auflösen.

7 Gelatine zunächst mit etwa 4 Esslöffeln von der Quarkmasse verrühren, dann unter die übrige Quarkmasse rühren. Sahne sofort unter die Quarkmas-se heben, auf den Tortenboden geben und glatt streichen.

Zubereitungszeit: 35 Minuten, ohne Kühlzeit • Backzeit: etwa 25 Minuten
Insgesamt: E: 144 g, F: 304 g, Kh: 480 g, kJ: 22368, kcal: 5344, BE: 40,0

Pro Torte etwa 4,45 €

8 Den oberen Tortenboden in 16 Stücke schneiden, auf die Füllung legen und die Torte mindestens 3 Stunden in den Kühlschrank stellen.

9 Vor dem Servieren den Springformrand lösen und entfernen. Die Torte mit Puderzucker bestäuben.

Die Torte schmeckt fruchtiger, wenn Sie 1 Dose Mandarinen (Abtropfgewicht 175 g, Zusatzkosten: etwa 0,45 €) in einem Sieb gut abtropfen lassen und unter die Quarksahne heben.

Für Erdbeerliebhaber

Erdbeer-Schmand-Torte

Für den All-in-Teig: 170 g Weizenmehl • 2 gestr. TL Dr. Oetker Backin • 80 g Zucker •
1 Pck. Dr. Oetker Vanillin-Zucker • 2 Eier (Größe M) •
80 g zerlassene, abgekühlte Butter oder Margarine • 100 ml Buttermilch
Für den Belag: 500 g Schmand (Sauerrahm, 24 % Fett) • 1 Pck. Vanillin-Zucker •
30 g Zucker • 500 g Erdbeeren
Für den Guss: 1 Pck. ungezuckerter Tortenguss, klar • 250 ml (¼ l) Orangensaft

1 Den Backofen vorheizen.
Ober-/Unterhitze: etwa 180 °C
Heißluft: etwa 160 °C

2 Für den All-in-Teig Mehl mit Backpulver in einer Rührschüssel mischen, restliche Teigzutaten hinzufügen und mit Handrührgerät mit Rührbesen auf höchster Stufe in 1 Minute zu einem glatten Teig verarbeiten. Den Teig in eine Springform (Ø 26 cm, Boden gefettet) füllen.

3 Die Form auf dem Rost im unteren Drittel in den vorgeheizten Backofen schieben. Den Tortenboden **etwa 25 Minuten backen.**

4 Die Form auf einen Kuchenrost setzen. Den Tortenboden etwa 10 Minuten abkühlen lassen, dann aus der Form lösen und auf eine Tortenplatte legen. Den Springformrand säubern und um den Tortenboden stellen.

5 Für den Belag Schmand mit Vanillin-Zucker und Zucker in einer Schüssel verrühren. Die Schmandmasse sofort auf dem noch warmen Tortenboden verteilen und glatt streichen. Die Torte vollständig erkalten lassen.

6 Erdbeeren kurz abspülen, putzen, trocken tupfen und halbieren. Die Erdbeeren dachziegelartig von außen nach innen auf die Schmandmasse legen.

7 Aus Tortenguss und Saft nach Packungsanleitung einen Guss zubereiten. Den Guss mit einem Esslöffel von der Mitte aus zügig über die Erdbeeren geben. Die Torte mindestens 1 Stunde in den Kühlschrank stellen. Vor dem Servieren Springformrand lösen und entfernen.

Zubereitungszeit: 50 Minuten, ohne Abkühlzeit • Backzeit: etwa 25 Minuten
Insgesamt: E: 48 g, F: 204 g, Kh: 324 g, kJ: 14352, kcal: 3432, BE: 30,0

Pro Torte etwa 4,70 €

Erfrischend fruchtig

Apfel-Frischkäse-Torte

Für den All-in-Teig: 100 g gehobelte Mandeln • 125 g Butter oder Margarine • 100 g Weizenmehl • 25 g Speisestärke • 3 gestr. TL Dr. Oetker Backin • 125 g Zucker • 1 Pck. Dr. Oetker Vanillin-Zucker • 1 Prise Salz • 3 Eier (Größe M)
Für den Belag: 6 Blatt weiße Gelatine • 250 g Schlagsahne • 400 g Doppelrahm-Frischkäse • 75 g Zucker • 2 EL Zitronensaft • 1 Glas Apfelkompott (Einwaage 360 g)
Zum Garnieren: 1 Apfel mit roter Schale • 1 EL Zitronensaft

1 Für den Teig Mandeln in einer Pfanne ohne Fett bei schwacher Hitze leicht bräunen, dann auf einem Teller erkalten lassen. Butter oder Margarine in einem kleinen Topf bei schwacher Hitze zerlassen, abkühlen lassen.

2 Den Backofen vorheizen.
Ober-/Unterhitze: etwa 180 °C
Heißluft: etwa 160 °C

3 Mehl, Stärke und Backpulver in einer Rührschüssel mischen. Zucker, Vanillin-Zucker, Salz, Eier und Butter oder Margarine hinzufügen, mit Handrührgerät mit Rührbesen auf höchster Stufe 1 Minute zu einem glatten Teig verarbeiten. Zum Schluss 75 g der Mandeln kurz unterrühren.

4 Den Teig in eine Springform (Ø 26 cm, mit Backpapier belegt) geben und glatt streichen. Die Form auf dem Rost auf mittlerer Einschubleiste in den vorgeheizten Backofen schieben. Den Boden **25–30 Minuten backen.**

5 Die Form etwa 10 Minuten auf einem Kuchenrost abkühlen lassen. Den Kuchen mit einem Messer aus der Form lösen und auf einen mit Backpapier belegten Kuchenrost legen. Tortenboden etwa 1 Stunde erkalten lassen.

6 Für den Belag Gelatine nach Packungsanleitung einweichen. Sahne steif schlagen. Frischkäse mit Zucker und Zitronensaft mit Handrührgerät mit Rührbesen gut verrühren. Apfelkompott unterrühren.

7 Die Gelatine leicht ausdrücken und in einem kleinen Topf bei schwacher Hitze unter Rühren auflösen. 4 Esslöffel der Apfel-Frischkäse-Masse in den Topf geben und unterrühren. Gelatinemasse sofort mit der restlichen Apfel-Frischkäse-Masse verrühren. Sahne kurz unterrühren.

Zubereitungszeit: 40 Minuten, ohne Kühlzeit • Backzeit: 25–30 Minuten
Insgesamt: E: 111 g, F: 384 g, Kh: 402 g, kJ: 23038, kcal: 5506, BE: 33,5

Pro Torte etwa 4,40 €

8 Den Boden auf eine Tortenplatte legen und mitgebackenes Backpapier entfernen. Gesäuberten Springformrand darumstellen. Die Creme einfüllen und glatt streichen. Die Torte etwa 2 Stunden in den Kühlschrank stellen. Dann Springformrand lösen und entfernen.

9 Zum Garnieren Apfel waschen, vierteln, entkernen und die Viertel quer in dünne Scheiben schneiden. Apfelscheiben mit Zitronensaft bestreichen, auf die Torte legen und mit den restlichen Mandeln bestreuen.

Wenn Sie den Frischkäse durch Speisequark (20 % Fett i. Tr.) ersetzen, sparen Sie etwa 0,65 €.

Raffiniert

Mitropa-Torte

Für den Biskuitteig: 2 Eier (Größe M) • 1 Eigelb (Größe M) • 75 g Zucker •
1 Pck. Dr. Oetker Vanillin-Zucker • 75 g Weizenmehl • 25 g Speisestärke •
1 gestr. TL Dr. Oetker Backin
Zum Bestreichen: 100 g rotes Johannisbeergelee
Für die Füllung: 250 g Schlagsahne • 4 Blatt rote Gelatine • 150 ml Johannisbeernektar •
250 g Magerquark
Zum Aprikotieren: 5 EL Aprikosenkonfitüre

1 Den Backofen vorheizen.
Ober-/Unterhitze: etwa 200 °C
Heißluft: etwa 180 °C

2 Für den Teig Eier und Eigelb mit Handrührgerät mit Rührbesen auf
höchster Stufe in 1 Minute schaumig schlagen. Zucker mit Vanillin-Zucker
mischen, in 1 Minute einstreuen, dann noch etwa 2 Minuten weiterschlagen.

3 Mehl, Speisestärke und Backpulver mischen, auf die Eiercreme geben und
kurz auf niedrigster Stufe unterrühren. Den Teig auf ein Backblech
(30 x 40 cm, gefettet, mit Backpapier belegt) geben und verstreichen. Das
Backblech sofort auf mittlerer Einschubleiste in den vorgeheizten Backofen
schieben und den Biskuit **8–10 Minuten backen.**

4 Die Biskuitplatte sofort auf ein mit Zucker bestreutes Stück Backpapier stürzen und das mitgebackene Backpapier abziehen. An einer der langen Seiten
einen 10 cm breiten Streifen abschneiden und beiseitelegen. Gelee verrühren
und die Biskuitplatte sofort damit bestreichen. Biskuitplatte von der langen
Seite her aufrollen und erkalten lassen.

5 Biskuitrolle in etwa 1 cm dicke Scheiben schneiden und eine Schüssel
(etwa 2-Liter-Inhalt, mit Frischhaltefolie ausgelegt) damit auslegen.

6 Für die Füllung Sahne steif schlagen. Gelatine nach Packungsanleitung einweichen. Gelatine leicht ausdrücken und in einem kleinen Topf bei schwacher
Hitze unter Rühren auflösen. Aufgelöste Gelatine zunächst mit etwas von dem
Saft verrühren, dann die Mischung unter den restlichen Saft rühren. Sobald
die Masse beginnt dicklich zu werden, Quark und steif geschlagene Sahne
unterheben.

Zubereitungszeit: 40 Minuten, ohne Abkühl- und Kühlzeit • Backzeit: 8–10 Minuten
Insgesamt: E: 70 g, F: 99 g, Kh: 379 g, kJ: 11378, kcal: 2720, BE: 31,5

236 | Torten

Pro Torte etwa **3,65 €**

7 Die Masse in die Schüssel auf die Biskuitscheiben geben, glatt streichen und mit dem beiseitegelegten, zurecht geschnittenen Biskuitstreifen belegen. Torte etwa 3 Stunden in den Kühlschrank stellen.

8 Die Torte auf eine Tortenplatte stürzen und die Frischhaltefolie entfernen. Aprikosenkonfitüre durch ein Sieb streichen, in einem kleinen Topf unter Rühren aufkochen lassen. Die Torte damit bestreichen.

Die Torte kann bis Punkt 7 am Vortag zubereitet werden. Am Serviertag die Torte stürzen und aprikotieren.

Etwas aufwendiger

Schwimmbadtorte

Für den Biskuitteig: 2 Eier (Größe M) • 2 EL heißes Wasser • 80 g Zucker •
1 Pck. Dr. Oetker Vanillin-Zucker • 80 g Weizenmehl • ½ gestr. TL Dr. Oetker Backin
Für den Rührteig: 50 g weiche Butter • 50 g Zucker • 1 Pck. Vanillin-Zucker •
2 Eigelb (Größe M) • 70 g Weizenmehl
Für den Belag: 2 Eiweiß (Größe M) • 100 g Zucker • 50 g gehackte Mandeln
Für die Füllung: 1 Dose Ananasstücke (Abtropfgewicht 255 g) •
1 Pck. Dr. Oetker Pudding-Pulver Vanille-Geschmack •
400 ml Ananassaft aus der Dose, mit Apfelsaft ergänzt • 400 g Schlagsahne •
1 Pck. Sahnesteif • 1 TL Zucker

1 Den Backofen vorheizen.
Ober-/Unterhitze: etwa 180 °C
Heißluft: etwa 160 °C

2 Für den Biskuitteig Eier und Wasser mit Handrührgerät mit Rührbesen auf
höchster Stufe in 1 Minute schaumig schlagen. Zucker mit Vanillin-Zucker
mischen, in 1 Minute einstreuen, dann noch etwa 2 Minuten weiterschlagen.

3 Mehl mit Backpulver mischen, auf die Eiercreme geben und auf niedrigster
Stufe kurz unterrühren. Den Teig in eine Springform (Ø 26 cm, Boden gefettet,
mit Backpapier belegt) füllen und glatt streichen. Die Form sofort auf dem Rost
auf mittlerer Einschubleiste in den vorgeheizten Backofen schieben und den
Boden **25–30 Minuten backen.**

4 Den Boden aus der Form lösen, auf einen mit Backpapier belegten Kuchenrost stürzen und erkalten lassen. Mitgebackenes Backpapier abziehen.

5 Für den Rührteig Butter mit Handrührgerät mit Rührbesen auf höchster
Stufe geschmeidig rühren. Zucker und Vanillin-Zucker unterrühren. So lange
rühren, bis eine gebundene Masse entstanden ist. Eigelb nach und nach unterrühren. Mehl mit Backpulver auf mittlerer Stufe kurz unterrühren. Den Teig
in einer Springform (Ø 26 cm, Boden gefettet) verstreichen.

6 Für den Belag Eiweiß steif schlagen. Zucker nach und nach unterschlagen.
Die Masse auf dem Rührteigboden verstreichen und mit Mandeln bestreuen.
Die Form auf dem Rost auf mittlerer Einschubleiste in den vorgeheizten Backofen schieben. Den Boden bei gleicher Backofeneinstellung **etwa
35 Minuten backen.**

Zubereitungszeit: 45 Minuten, ohne Kühlzeit • Backzeit: 60–65 Minuten
Insgesamt: E: 64 g, F: 225 g, Kh: 513 g, kJ: 18242, kcal: 4357, BE: 43,0

238 | Torten

Pro Torte etwa 3,80 €

7 Den Boden aus der Form lösen, sofort in 16 Stücke schneiden und auf einem mit Backpapier belegten Kuchenrost erkalten lassen.

8 Für die Füllung Ananas in einem Sieb abtropfen lassen. Dabei den Saft auffangen und mit Apfelsaft auf 400 ml ergänzen. Aus Pudding-Pulver und Saft nach Packungsanleitung, aber mit den hier angegebenen Zutaten einen Pudding kochen. Ananasstücke unterheben. Die Puddingmasse auf den Biskuitboden streichen und erkalten lassen.

9 Sahne mit Sahnesteif und Zucker steif schlagen. Die Sahne auf die erkaltete Puddingmasse streichen und mit dem geschnittenen Rührteigboden bedecken. Torte bis zum Servieren in den Kühlschrank stellen.

Wenn Sie 2 Springformen (Ø 26 cm) haben, dann können Sie die beiden Böden bei Heißluft zusammen in den Backofen schieben.

Bei Kindern beliebt

Joghurt-Erdbeer-Torte

Für den Teig: 150 g Joghurt • 2 Eier (Größe M) • 150 ml Speiseöl, z. B. Sonnenblumenöl • 2 EL Zitronensaft • 150 g Zucker • 2 Pck. Dr. Oetker Vanillin-Zucker • 200 g Weizenmehl • 3 gestr. TL Dr. Oetker Backin
Für den Belag: 400 g Schlagsahne • 2–3 Pck. Sahnesteif • 300 g Erdbeer-Sahne-Joghurt • 200 g Erdbeeren

1 Den Backofen vorheizen.
Ober-/Unterhitze: etwa 180 °C
Heißluft: etwa 160 °C

2 Für den Teig Joghurt, Eier, Öl, Zitronensaft, Zucker und Vanillin-Zucker in eine Rührschüssel geben und mit Handrührgerät mit Rührbesen gut verrühren. Mehl mit Backpulver vermischen und kurz unterrühren.

3 Den Teig in eine Springform (Ø 26 cm, Boden gefettet) füllen und glatt streichen. Die Springform auf dem Rost im unteren Drittel in den vorgeheizten Backofen schieben. Den Tortenboden **etwa 30 Minuten backen.**

4 Nach dem Backen den Springformrand lösen und entfernen. Den Tortenboden mit dem Springformboden auf einen Kuchenrost stellen. Den Tortenboden erkalten lassen.

5 Dann den Tortenboden vom Springformboden lösen und auf eine Tortenplatte legen.

6 Für den Belag Sahne mit Sahnesteif steif schlagen. Joghurt unterheben. Creme in einen großen Gefrierbeutel füllen, eine größere Spitze abschneiden und große Tuffs auf den Tortenboden spritzen.

7 Die Erdbeeren kurz abspülen, putzen, trocken tupfen und vierteln. Die Torte mit den Erdbeervierteln garnieren und bis zum Servieren im Kühlschrank kalt stellen.

 Der Tortenboden kann bereits am Vortag gebacken werden.

Zubereitungszeit: 15 Minuten, ohne Abkühlzeit • Backzeit: etwa 30 Minuten
Insgesamt: E: 56 g, F: 322 g, Kh: 397 g, kJ: 19939, kcal: 4764, BE: 33,5

Pro Torte etwa **4,30 €**

Fruchtig

Orangentorte

Für den All-in-Teig: 275 g Weizenmehl • 3 gestr. TL Dr. Oetker Backin • 150 g Zucker •
1 Pck. Dr. Oetker Vanillin-Zucker • 150 g weiche Butter oder Margarine •
4 Eier (Größe M) • 125 ml (⅛ l) Orangensaft
Für die Orangencreme: 4 Blatt weiße Gelatine • 750 ml (¾ l) Orangensaft •
40–50 g Zucker • 2 Pck. Dr. Oetker Pudding-Pulver Vanille-Geschmack •
150 g saure Sahne
Zum Bestäuben und Verzieren: 70 g gesiebter Puderzucker •
1–2 TL Orangen- oder Zitronensaft • 100 g Schlagsahne

1 Den Backofen vorheizen.
Ober-/Unterhitze: etwa 200 °C
Heißluft: etwa 180 °C

2 Für den Teig Mehl mit Backpulver in einer Rührschüssel mischen. Restliche Teigzutaten hinzugeben und alles mit Handrührgerät mit Rührbesen erst kurz auf niedrigster, dann auf höchster Stufe in etwa 2 Minuten zu einem glatten Teig verarbeiten.

3 Den Teig auf ein Backblech (30 x 40 cm, gefettet, mit Backpapier belegt) geben und verstreichen. Das Backblech auf mittlerer Einschubleiste in den vorgeheizten Backofen schieben. Den Boden **etwa 20 Minuten backen.**

4 Den Boden auf dem Backblech auf einem Kuchenrost erkalten lassen.

5 Für die Orangencreme Gelatine nach Packungsanleitung einweichen. Aus Saft, Zucker und Pudding-Pulver nach Packungsanleitung einen Pudding kochen. Den Topf von der Kochstelle nehmen. Gelatine leicht ausdrücken, in dem heißen Pudding unter Rühren auflösen und saure Sahne unterrühren. Creme erkalten lassen, dabei gelegentlich umrühren.

6 Tortenboden vom Rand lösen, auf eine mit Backpapier belegte Arbeitsplatte stürzen und mitgebackenes Backpapier abziehen. Von der längeren Seite der Platte einen 5 cm breiten und 40 cm langen Streifen abschneiden und beiseitelegen. Restliche Platte so halbieren, dass 2 Rechtecke (etwa 20 x 25 cm) entstehen.

Zubereitungszeit: 40 Minuten, ohne Abkühl- und Kühlzeit • Backzeit: etwa 20 Minuten
Insgesamt: E: 75 g, F: 200 g, Kh: 688 g, kJ: 20470, kcal: 4891, BE: 57,5

Pro Torte etwa **4,75 €**

7 Einen Boden auf eine Tortenplatte legen. Die Hälfte der Creme daraufstreichen, zweiten Boden darauflegen. Restliche Creme darauf verstreichen. Torte etwa 2 Stunden in den Kühlschrank stellen.

8 Aus dem beiseitegelegten Gebäckstreifen mit einem Glas oder einer Ausstechform Kreise (Ø etwa 5 cm) ausstechen, diese halbieren. Puderzucker und Saft zu einem Guss verrühren, in einen kleinen Gefrierbeutel füllen und eine kleine Ecke abschneiden. Die Halbkreise mit Guss verzieren, sodass sie wie Orangenscheiben aussehen.

9 Sahne steif schlagen, in einen Spritzbeutel mit Lochtülle füllen und so viele Tuffs auf die Tortenoberfläche spritzen, wie garnierte „Orangenscheiben" vorhanden sind. Die „Orangenscheiben" auf die Sahnetupfen legen.

Schnell

Sauerkirsch-Frischkäse-Torte

Für den Boden: 150 g Löffelbiskuits • 125 g Butter
Für die Füllung: 1 Glas Sauerkirschen (Abtropfgewicht 350 g) • 3 Blatt weiße Gelatine • 200 g Doppelrahm-Frischkäse • 400 g Schlagsahne • 50 g Zucker • 2 EL Zitronensaft
Für den Guss: 250 ml (¼ l) Sauerkirschsaft (aus dem Glas) • 1 Pck. ungezuckerter Tortenguss • 1 EL Zucker

1 Für den Boden Löffelbiskuits in einen Gefrierbeutel geben. Beutel verschließen. Die Löffelbiskuits mit einer Teigrolle fein zerbröseln und in eine Rührschüssel geben. Butter zerlassen, zu den Bröseln geben und gut verrühren.

2 Einen Springformrand (Ø 26 cm) auf eine mit Tortenspitze oder Backpapier belegte Tortenplatte stellen. Die Bröselmasse darin gleichmäßig verteilen und mit einem Löffel gut zu einem Boden andrücken. Den Tortenboden in den Kühlschrank stellen.

3 Für die Füllung Kirschen in einem Sieb abtropfen lassen, dabei den Saft auffangen. 250 ml (¼ l) davon abmessen, evtl. mit Wasser auffüllen. Die Kirschen auf dem Bröselboden verteilen.

4 Gelatine in kaltem Wasser nach Packungsanleitung einweichen. Frischkäse mit 100 g Sahne, Zucker und Zitronensaft verrühren. Eingeweichte Gelatine leicht ausdrücken und in einem kleinen Topf unter Rühren bei schwacher Hitze auflösen. Gelatine mit 2–3 Esslöffeln der Frischkäsemasse verrühren, dann unter die restliche Frischkäsemasse rühren. Die Masse in den Kühlschrank stellen.

5 Sobald die Masse anfängt dicklich zu werden, die restliche Sahne steif schlagen und unter die Frischkäsemasse heben. Die Frischkäsecreme auf den Kirschen verstreichen. Die Torte etwa 1 Stunde in den Kühlschrank stellen.

6 Für den Guss aus Sauerkirschsaft, Tortengusspulver und Zucker einen Guss nach Packungsanleitung zubereiten. Dann den Guss auf die Frischkäsecreme geben und mithilfe eines Löffelstiels ein Marmormuster durch den Guss ziehen. Die Torte mindestens 1 Stunde in den Kühlschrank stellen.

Zubereitungszeit: 35 Minuten, ohne Kühlzeit

Insgesamt: E: 59 g, F: 308 g, Kh: 296 g, kJ: 17748, kcal: 4240, BE: 24,5

Pro Torte etwa **4,60 €**

Beliebter Klassiker

Schnelle Frischkäsetorte

Für den Boden: 180 g Löffelbiskuits • 120 g Butter oder Margarine
Für die Füllung: 1 Beutel aus 1 Pck. Götterspeise Zitronen-Geschmack • 200 ml Wasser •
200 g Doppelrahm-Frischkäse • 125 g Zucker • 1 Pck. Dr. Oetker Vanillin-Zucker •
2 EL Zitronensaft • 500 g gekühlte Schlagsahne

1 Für den Boden Löffelbiskuits in einen Gefrierbeutel geben. Den Beutel verschließen. Löffelbiskuits mit einer Teigrolle fein zerbröseln. 30 g der Brösel zum Garnieren beiseitelegen. Butter oder Margarine zerlassen, zu den Biskuitbröseln geben und gut verrühren.

2 Einen Springformrand (Ø 26 cm) auf eine mit Tortenspitze oder Backpapier belegte Tortenplatte stellen. Die Bröselmasse darin gleichmäßig verteilen und mit einem Löffel gut zu einem Boden andrücken. Tortenboden in den Kühlschrank stellen.

3 Für die Füllung die Götterspeise mit 200 ml Wasser, aber ohne Zucker, nach Packungsanleitung zubereiten. Die Götterspeise etwa 15 Minuten abkühlen lassen.

4 Frischkäse mit Zucker, Vanillin-Zucker und Zitronensaft mit einem Schneebesen verrühren. Die lauwarme Götterspeise nach und nach unterrühren. Sahne steif schlagen und in 2 Portionen unter die Frischkäsemasse heben. Die Frischkäsecreme auf dem Bröselboden verteilen und wellenartig verstreichen. Die Torte etwa 3 Stunden in den Kühlschrank stellen.

5 Beiseitegelegte Biskuitbrösel dekorativ auf den Rand der Tortenoberfläche streuen. Den Springformrand lösen und entfernen.

Für andere Geschmacksrichtungen können Sie auch Götterspeise Himbeer- oder Waldmeister-Geschmack verwenden.

Zubereitungszeit: 30 Minuten, ohne Abkühl- und Kühlzeit

Insgesamt: E: 72 g, F: 336 g, Kh: 284 g, kJ: 18697, kcal: 4468, BE: 23,5

246 | Kühlschranktorten

Pro Torte etwa **3,85 €**

Fruchtiger Genuss

Orangen-Butterkeks-Kuchen

Für die Füllung: 8 Blatt weiße Gelatine • 500 g Orangenjoghurt • 30 g Zucker •
250 g Schlagsahne • 3 mittelgroße Orangen
Außerdem: 200 g Butterkekse
Zum Garnieren: 200 g Schlagsahne • 30 g Zartbitter-Schokolade

1   Für die Füllung die Gelatine in kaltem Wasser nach Packungsanleitung einweichen. Joghurt und Zucker in einer Schüssel verrühren. Eingeweichte Gelatine leicht ausdrücken und in einem kleinen Topf unter Rühren bei schwacher Hitze auflösen. Zunächst etwa 4 Esslöffel der Joghurtmasse mit der Gelatine verrühren, dann unter die restliche Joghurtmasse rühren. Die Masse in den Kühlschrank stellen.

2   Sahne steif schlagen. Sobald die Joghurtmasse anfängt dicklich zu werden. Sahne unterheben.

3   Orangen so schälen, dass die weiße Haut mit entfernt wird. Die Orangenfilets herausschneiden. Einige Filets zum Garnieren beiseitelegen. Restliche Filets evtl. halbieren und unter die Joghurtcreme heben.

4   Eine Lage Butterkekse in eine Kastenform (25 x 11 cm, mit Backpapier ausgelegt) legen, mit einem Drittel der Joghurtcreme bestreichen und mit Butterkeksen belegen. Restliche Joghurtcreme und Butterkekse auf die gleiche Weise einschichten. Die oberste Schicht sollte aus Butterkeksen bestehen. Die Torte mindestens 2 Stunden in den Kühlschrank stellen.

5   Die Kekstorte auf eine Platte stürzen und das Backpapier entfernen.

6   Sahne steif schlagen. Den Kuchen mit etwa 4 Esslöffeln Sahne einstreichen. Restliche Sahne in einen Spritzbeutel mit Lochtülle (Ø etwa 10 mm) füllen. Sahnetupfen auf die Gebäckoberfläche spritzen.

7   Von der Schokolade mit einem Sparschäler Schokolocken abschaben. Die Torte mit den Schokolocken bestreuen und mit den beiseitegelegten Orangenfilets garnieren.

Zubereitungszeit: 25 Minuten, ohne Kühlzeit
Insgesamt: E: 63 g, F: 212 g, Kh: 289 g, kJ: 13989, kcal: 3345, BE: 24,0

Raffiniert

Stracciatella-Schoko-Torte

Für den Boden: 150 g Löffelbiskuits • 100 g Butter
Für die Schokocreme: 1 Pck. Saucenpulver Schokoladen-Geschmack, ohne Kochen •
75 ml Milch • 200 g Vanillejoghurt
Für die Stracciatella-Creme: 500 g Schlagsahne • 2 Pck. Sahnesteif • 30 g Zucker •
70 g Zartbitter-Raspelschokolade
Zum Bestreuen: 10 g Zartbitter-Raspelschokolade

1 Löffelbiskuits in einen Gefrierbeutel geben. Den Beutel verschließen. Löffelbiskuits mit einer Teigrolle fein zerbröseln. Brösel in eine Rührschüssel geben. Butter zerlassen, zu den Biskuitbröseln geben und gut verrühren.

2 Einen Springformrand (Ø 26 cm) auf eine mit Tortenspitze oder Backpapier belegte Tortenplatte stellen. Die Bröselmasse darin gleichmäßig verteilen und mit einem Löffel gut zu einem Boden andrücken. Den Tortenboden in den Kühlschrank stellen.

3 Für die Schokocreme Saucenpulver nach Packungsanleitung, aber nur mit 75 ml Milch und 200 g Joghurt zubereiten. Die Creme kuppelartig in die Mitte des Bröselbodens streichen, dabei einen etwa 2 cm breiten Rand frei lassen. Den Boden in den Kühlschrank stellen.

4 Für die Stracciatella-Creme Sahne mit Sahnesteif und Zucker steif schlagen. Raspelschokolade unterheben. Die Creme vorsichtig auf der Schokocreme verstreichen. Die Stracciatella-Schoko-Torte etwa 2 Stunden in den Kühlschrank stellen.

5 Zum Servieren den Springformrand lösen und entfernen. Die Torte mit Raspelschokolade bestreuen.

Wenn Sie die Stracciatella-Creme mit Vollmilch-Raspelschokolade zubereiten, dann sparen Sie etwa 0,30 €.

Statt Vanillejoghurt können Sie auch Nussjoghurt verwenden.

Zubereitungszeit: 25 Minuten, ohne Kühlzeit

Insgesamt: E: 48 g, F: 286 g, Kh: 292 g, kJ: 16499, kcal: 3941, BE: 24,5

Pro Torte etwa 5,15 €

Für Gäste – gut vorzubereiten

Schneekönigin-Eistorte

Für den Boden: 175 g Löffelbiskuits • 125 g Butter
Zum Bestreichen: 100 g Zartbitter-Schokolade
Für die Creme: 100 g weiße Schokolade • 800 g Schlagsahne • 75 g Zucker •
1 Pck. Dr. Oetker Vanillin-Zucker • 1 Pck. Dr. Oetker Finesse Geriebene Zitronenschale •
200 g Schaumgebäck (Mini-Meringues/Mini-Baiser, nach Möglichkeit in Tropfenform)

1 Für den Boden Löffelbiskuits in einen Gefrierbeutel geben. Den Beutel verschließen. Löffelbiskuits mit einer Teigrolle fein zerbröseln und in eine Rührschüssel geben. Butter zerlassen, zu den Bröseln geben und gut verrühren.

2 Einen Springformrand (Ø 26 cm) auf eine mit Tortenspitze oder Backpapier belegte Tortenplatte stellen. Die Bröselmasse darin gleichmäßig verteilen und mit einem Löffel gut zu einem Boden andrücken. Tortenboden in den Kühlschrank stellen.

3 Zum Bestreichen Schokolade in Stücke brechen, in einem kleinen Topf im heißen Wasserbad bei schwacher Hitze unter Rühren schmelzen. Die Schokolade etwas abkühlen lassen.

4 Den Tortenboden mit einem Teil der Schokolade bestreichen. Schokolade fest werden lassen. Restliche Schokolade dünn auf ein Stück Backpapier streichen und zum Garnieren beiseitelegen (nicht kalt stellen).

5 Für die Creme weiße Schokolade in Stücke brechen, in einem kleinen Topf im heißen Wasserbad bei schwacher Hitze unter Rühren schmelzen, dann abkühlen lassen. Sahne mit Zucker, Vanillin-Zucker und Zitronenschale steif schlagen. Schaumgebäckstücke (8–10 Stück beiseitelegen) vierteln, mit der geschmolzenen Schokolade unter die Sahne heben. Die Creme auf dem Bröselboden verteilen und mit einem Löffel wellenartig verzieren.

6 Beiseitegelegtes Schaumgebäck dekorativ auf der Torte verteilen. Torte in den Gefrierschrank stellen und mindestens 5 Stunden gefrieren lassen.

7 Die Torte aus dem Gefrierschrank nehmen. Den Springformrand lösen und entfernen.

Zubereitungszeit: 45 Minuten, ohne Kühl- und Gefrierzeit
Insgesamt: E: 64 g, F: 435 g, Kh: 513 g, kJ: 26104, kcal: 6240, BE: 43,0

8 Die beiseitegelegte Schokolade in Locken vom Backpapier schaben. Die Torte damit garnieren.

Lassen Sie die Torte vor dem Servieren etwa 15 Minuten antauen. Aufgetaute Eistorte nicht noch einmal einfrieren.

Einfach

Bunte Puffreistorte

Für den Boden: 100 g weiße Kuvertüre • 80 g bunter Knusper-Puffreis
Für den Belag: 375 ml (³/₈ l) Milch • 80 g Zucker • 6 Blatt weiße Gelatine •
1 Pck. Dr. Oetker Pudding-Pulver Vanille-Geschmack • 100 ml Zitronensaft •
200 g Schlagsahne • 250 g Magerquark

1 Für den Boden Kuvertüre grob hacken, in einem kleinen Topf im heißen Wasserbad bei schwacher Hitze unter Rühren schmelzen. Puffreis (3 Esslöffel zum Garnieren beiseitelegen) mit der Kuvertüre gut verrühren.

2 Einen Springformrand (Ø 26 cm) auf eine mit Tortenspitze oder Backpapier belegte Tortenplatte stellen. Die Puffreismasse darin gleichmäßig verteilen, mit einem Löffel zu einem Boden andrücken. Den Boden in den Kühlschrank stellen.

3 Für den Belag die Milch mit Zucker in einem Topf zum Kochen bringen. Gelatine in kaltem Wasser nach Packungsanleitung einweichen. Pudding-Pulver mit Zitronensaft anrühren, in die von der Kochstelle genommene Milch rühren und unter Rühren nochmals aufkochen lassen. Den Topf von der Kochstelle nehmen.

4 Eingeweichte Gelatine leicht ausdrücken und in dem heißen Pudding unter Rühren auflösen. Pudding in eine Schüssel geben und die Oberfläche mit Frischhaltefolie belegen. Pudding erkalten lassen.

5 Sahne steif schlagen. Den erkalteten Pudding nochmals durchrühren. Zuerst Quark, dann Sahne unter den Pudding heben. Die Pudding-Sahne-Creme auf den Puffreisboden geben und glatt streichen. Die Torte 2–3 Stunden in den Kühlschrank stellen.

6 Den Springformrand lösen und entfernen. Die Tortenoberfläche mit dem beiseitegelegten Puffreis garnieren, dafür z. B. mithilfe eines runden Ausstechförmchens Puffreiskreise auf die Torte streuen.

Noch fruchtiger wird die Torte mit 1 Päckchen Dr. Oetker Finesse Geriebene Zitronenschale im Puffreisboden (Zusatzkosten: etwa 0,25 €). Statt der Kreise können Sie auch andere Formen auf die Torte streuen, z. B. ein Gesicht oder Herzen.

Zubereitungszeit: 35 Minuten, ohne Kühl- und Abkühlzeit
Insgesamt: E: 72 g, F: 166 g, Kh: 267 g, kJ: 10158, kcal: 2425, BE: 22,5

4,25 €
Pro Torte etwa

Für Kinder

Sommertorte mit Mandarinen

Zum Vorbereiten: 1 Beutel aus 1 Pck. Dr. Oetker Götterspeise Zitronen-Geschmack •
375 ml (3/8 l) klarer Apfelsaft • 75 g Zucker
Für den Boden: 100 g Butter • 150 g Butterkekse
Für den Belag und zum Garnieren: 2 Dosen Mandarinen (Abtropfgewicht je 175 g) •
1 Beutel aus 1 Pck. Dr. Oetker Götterspeise Zitronen-Geschmack • 150 g Zucker •
400 g gekühlte Schlagsahne • 250 g Magerquark

1   Zum Vorbereiten Götterspeise mit Fruchtsaft und Zucker nach Packungsanleitung zubereiten, in eine flache Form (evtl. Auflaufform) geben und im
Kühlschrank fest werden lassen.

2   Für den Boden Butter in einem Topf zerlassen. Butterkekse in einen Gefrierbeutel geben. Den Beutel fest verschließen. Die Butterkekse mit einer Teigrolle
fein zerbröseln. Die Brösel unter die Butter rühren.

3   Einen Bogen Backpapier auf eine Tortenplatte legen und den geschlos-
senen Springformrand (Ø 26 cm) daraufstellen. Die Bröselmasse darin mit
einem Löffel zu einem Boden andrücken. Den Bröselboden mindestens
20 Minuten in den Kühlschrank stellen.

4   Für den Belag die Mandarinen in einem Sieb abtropfen lassen, dabei den
Saft auffangen. Den Saft evtl. mit Wasser auf 350 ml auffüllen. Die Götterspeise mit dem Mandarinensaft-Wasser-Gemisch und Zucker nach Packungsanleitung zubereiten, dann abkühlen lassen.

5   Sahne steif schlagen. Sobald die Götterspeise anfängt dicklich zu werden,
erst den Quark unterrühren, dann die steif geschlagene Sahne unterheben.
Ein Drittel der Creme auf dem Boden verstreichen. Etwa zwei Drittel der
Mandarinen darauf verteilen. Übrige Creme darauf verstreichen. Die Torte
etwa 3 Stunden in den Kühlschrank stellen.

6   Die Torte mit einem Tortenheber vom Backpapier lösen und das Backpapier unter dem Boden wegziehen. Den Springformrand vorsichtig mit
einem Messer lösen und entfernen.

Zubereitungszeit: 60 Minuten, ohne Kühlzeit

Insgesamt: E: 93 g, F: 244 g, Kh: 471 g, kJ: 18937, kcal: 4525, BE: 39,5

Pro Torte etwa **3,55 €**

7 Zum Garnieren aus der vorbereiteten, fest gewordenen Götterspeise verschiedene Motive ausstechen oder -schneiden, dazu die Götterspeise auf eine Platte stürzen. Die Torte mit den Götterspeisemotiven und restlichen Mandarinen garnieren und bis zum Servieren in den Kühlschrank stellen.

Für eine Sommertorte mit Weintrauben (pro Torte: etwa 4,30 €) statt der Mandarinen blaue und grüne kernlose Weintrauben verwenden. Bereiten Sie dann eine Waldmeister-Götterspeise mit hellem Traubensaft zu.

Der Party-Klassiker

Kalter Hund

Für die Schokoladencreme: 200 g Zartbitter-Kuvertüre • 400 g Vollmilch-Kuvertüre • 150 g Kokosfett • 200 g Schlagsahne • 2 Pck. Dr. Oetker Vanillin-Zucker
Außerdem: etwa 250 g Butterkekse

1 Eine Kastenform (25 x 11 cm) mit einem großen aufgeschnittenen Gefrierbeutel auslegen.

2 Für die Schokoladencreme beide Kuvertüren grob hacken. Kokosfett in Stücke schneiden. Sahne in einem Topf erwärmen und die Kuvertüren und das Kokosfett darin unter Rühren schmelzen. Die Masse gut verrühren und Vanillin-Zucker unterrühren.

3 Die Kastenform mit einer Schicht Butterkeksen auslegen, die Kekse mit einem Sägemesser evtl. zurechtschneiden oder evtl. zerbrechen. Nun so viel Schokoladencreme auf der Keksschicht verteilen, dass diese bedeckt ist. Abwechselnd Schokoladencreme und Kekse in die Kastenform einschichten (7–8 Schichten).

4 Die Kastenform etwa 5 Stunden in den Kühlschrank stellen (am besten über Nacht), damit die Creme fest wird.

5 Das Gebäck auf eine Platte stürzen. Gefrierbeutel vorsichtig abziehen und den Kalten Hund bis zum Servieren in den Kühlschrank stellen.

↺ Besonders lecker schmeckt die Schokoladencreme, wenn man 1 Päckchen Dr. Oetker Finesse Natürliches Orangenschalen-Aroma (Zusatzkosten: etwa 0,25 €) oder 2 Portionspäckchen (je 2 g) Instant-Espresso-Pulver (Zusatzkosten: etwa 0,40 €) unterrührt.

🍰 Damit der Gefrierbeutel beim Einschichten nicht wegrutschen kann, die Form einfach etwas fetten und dann die Form mit dem Gefrierbeutel auslegen. Anstelle des Gefrierbeutels kann man auch Frischhaltefolie verwenden. Das Rezept gelingt auch mit Schokolade statt Kuvertüre.
Der Kalte Hund kann einige Tage vor dem Servieren zubereitet werden. Verpacken Sie ihn in Alufolie und bewahren Sie ihn im Kühlschrank auf.

Zubereitungszeit: 45 Minuten, ohne Kühlzeit
Insgesamt: E: 62 g, F: 470 g, Kh: 508 g, kJ: 27193, kcal: 6529, BE: 42,5

Beliebter Snack

Partybrötchen mit Frischkäse

Für den Hefeteig: 500 g Weizenmehl • 1 Pck. (42 g) frische Hefe • ½ TL Zucker • 125 ml (⅛ l) lauwarmes Wasser • 125 ml (⅛ l) lauwarme Milch • 1 gestr. TL Salz • 150 g Frischkäse mit Kräutern

1 Für den Teig Mehl in eine Schüssel geben und in die Mitte eine Vertiefung drücken. Hefe hineinbröckeln, Zucker und etwas Wasser hinzufügen, mit einer Gabel vorsichtig verrühren und etwa 10 Minuten stehen lassen.

2 Milch, Salz, Frischkäse und restliches Wasser hinzufügen. Die Zutaten mit Handrührgerät mit Knethaken zunächst kurz auf niedrigster, dann auf höchster Stufe in etwa 5 Minuten zu einem glatten Teig verarbeiten. Den Teig zugedeckt so lange an einem warmen Ort gehen lassen, bis er sich sichtbar vergrößert hat (etwa 30 Minuten).

3 Den Teig leicht mit Mehl bestäuben, aus der Schüssel nehmen, auf einer leicht bemehlten Arbeitsfläche nochmals gut durchkneten und zu einer Rolle formen. Die Teigrolle in 10 gleich große Portionen teilen, zu Brötchen formen und auf einem Backblech (mit Backpapier belegt) zu einem Kranz zusammenlegen.

4 Teigbrötchen nochmals zugedeckt so lange an einem warmen Ort gehen lassen, bis sie sich sichtbar vergrößert haben (etwa 20 Minuten).

5 Den Backofen vorheizen.
Ober-/Unterhitze: etwa 200 °C
Heißluft: etwa 180 °C

6 Das Backblech auf der mittleren Einschubleiste in den vorgeheizten Backofen schieben. Den Kranz **25–30 Minuten backen.**

7 Den Brötchenkranz vom Backpapier lösen und auf einem Kuchenrost erkalten lassen.

Bunter werden die Brötchen, wenn zusätzlich eine fein gewürfelte rote Paprikaschote (Zusatzkosten: etwa 0,70 €) unter den Teig geknetet wird.

Zubereitungszeit: 45 Minuten, ohne Teiggehzeit • Backzeit: 25–30 Minuten
Pro Stück: E: 6 g, F: 4 g, Kh: 32 g, kJ: 784, kcal: 187, BE: 2,5

260 | Herzhaftes Gebäck

Für 10 Brötchen etwa 2,15 €

Mal was anderes

Würzige Käse-Tarte

Zum Vorbereiten: 100 g Frühlingszwiebeln
Für den Teig: 50 g Weizenmehl (Type 550) • 1 gestr. TL Dr. Oetker Backin •
1 gestr. TL Salz • 1 gestr. TL Zucker • 250 g Magerquark • 200 g Kräuter-Frischkäse •
25 g TK-8-Kräuter • 2 Eier (Größe M) • 4 EL Olivenöl • 30 g gestiftelte Mandeln
Zum Garnieren: einige Stängel Kerbel

1 Zum Vorbereiten Frühlingszwiebeln putzen, abspülen, abtropfen lassen und in schmale Ringe schneiden.

2 Den Backofen vorheizen.
Ober-/Unterhitze: etwa 180 °C
Heißluft: etwa 160 °C

3 Für den Teig Mehl, Backpulver, Salz und Zucker in eine Rührschüssel geben und verrühren. Quark, Frischkäse, gefrorene Kräuter, drei Viertel der Zwiebelringe, Eier und Olivenöl dazugeben und mit Handrührgerät mit Rührbesen unterrühren.

4 Den Teig in eine Tarteform (Ø 26–28 cm, gefettet, mit Semmelbröseln bestreut) geben und glatt streichen. Restliche Zwiebelringe und Mandelstifte darauf verteilen.

5 Die Form auf dem Rost auf mittlerer Einschubleiste in den vorgeheizten Backofen schieben. Die Tarte **etwa 45 Minuten backen.**

6 Die Form auf einen Kuchenrost stellen. Die Tarte in der Form erkalten lassen. Den Kerbel abspülen, trocken tupfen und in kleine Stängel zupfen. Die Tarte in Stücke schneiden und mit Kerbel garnieren.

Die Käse-Tarte schmeckt lauwarm besonders gut. Als Beilage eignen sich z. B. gedünstete Tomaten. Für 4–6 Portionen 2 mittelgroße Zwiebeln abziehen, in Würfel schneiden und in 4 Esslöffeln Olivenöl 10 Minuten dünsten. 500 g kleine Tomaten abspülen, abtrocknen, halbieren und etwa 3 Minuten mitdünsten. Das Gemüse mit Salz, Pfeffer und etwas Cayennepfeffer würzen, mit einem Esslöffel Schnittlauchröllchen oder gehacktem Basilikum bestreuen (Zusatzkosten: etwa 2,- €).

Zubereitungszeit: 40 Minuten • Backzeit: etwa 45 Minuten
Insgesamt: E: 77 g, F: 120 g, Kh: 72 g, kJ: 7043, kcal: 1681, BE: 4,5

Auch zum Mitnehmen geeignet

Tomatenbrote

Für den Hefeteig: 100 g getrocknete, in Öl eingelegte Tomaten • 450 g Weizenmehl (Type 550) • 1 Pck. Dr. Oetker Trockenbackhefe • 2 gestr. TL Salz • 270 ml warmes Wasser • 5 EL Speiseöl, z. B. von den eingelegten Tomaten

1 Für den Teig die Tomaten in einem Sieb abtropfen lassen, dabei das Öl auffangen. Tomaten in feine Streifen schneiden.

2 Mehl mit Trockenbackhefe in einer Rührschüssel mischen. Salz, Wasser und Öl hinzufügen, mit Handrührgerät mit Knethaken zunächst kurz auf niedrigster, dann auf höchster Stufe in etwa 5 Minuten zu einem glatten Teig verarbeiten.

3 Den Teig leicht mit Mehl bestäuben und zugedeckt so lange an einem warmen Ort gehen lassen, bis er sich sichtbar vergrößert hat (etwa 40 Minuten).

4 Den Backofen vorheizen.
Ober-/Unterhitze: etwa 250 °C
Heißluft: etwa 230 °C

5 Den Teig nochmals mit Handrührgerät mit Knethaken kurz durchkneten. Tomatenstreifen unterkneten. Den Teig mit etwas Mehl bestäuben, zu einer Rolle formen und in 4 gleich große Portionen teilen.

6 Die Teigportionen jeweils zu einer Rolle von etwa 24 cm Länge formen. Die Teigrollen so formen, dass die Enden sehr viel dünner als die Mitte sind.

7 Die Teigrollen versetzt auf ein Backblech (mit Backpapier belegt) legen, leicht mit Mehl bestäuben und zugedeckt an einem warmen Ort nochmals so lange gehen lassen, bis sie sich sichtbar vergrößert haben (etwa 30 Minuten).

8 Die Teigrollen jeweils mit einem Sägemesser 2–3-mal schräg, etwa ½ cm tief einschneiden. Das Backblech auf mittlerer Einschubleiste in den vorgeheizten Backofen schieben. Die Tomatenbrote **etwa 10 Minuten backen.** Dann die Backofentemperatur um 50 °C auf Ober-/Unterhitze: etwa 200 °C, Heißluft: etwa 180 °C herunterschalten und die Tomatenbrote **weitere 15–20 Minuten backen.**

Zubereitungszeit: 50 Minuten, ohne Teiggehzeit • Backzeit: 25–30 Minuten
Pro Brot: E: 15 g, F: 16 g, Kh: 90 g, kJ: 2395, kcal: 572, BE: 7,5

4 kleine Brote etwa **2,55 €**

Zum Vorbereiten

Gefüllter Partyring

Für die Füllung: 1 Dose Champignonscheiben (Abtropfgewicht 230 g) •
1 mittelgroße Zwiebel • 1 Knoblauchzehe • 150 g Bacon (Frühstücksspeck) •
25 g Italienische TK-Kräuter • 70 g Tomatenmark • Salz • frisch gemahlener Pfeffer • Zucker
Für den Hefeteig: 375 g Weizenmehl • 1 Pck. Hefeteig Garant • 225 ml Wasser •
1 EL Olivenöl
Zum Bestreichen: 1 EL Olivenöl

1 Für die Füllung Champignons in einem Sieb abtropfen lassen. Zwiebel abziehen und in kleine Würfel schneiden. Knoblauch abziehen und durch eine Knoblauchpresse drücken. Bacon in kleine Stücke schneiden, in einer Pfanne ohne Fett bei mittlerer Hitze ausbraten. Zwiebelwürfel und Knoblauch hinzufügen und mit anbraten.

2 Champignonscheiben fein hacken, mit Kräutern und Tomatenmark zur Baconmasse geben und unterheben. Die Masse unter Rühren kurz erhitzen und mit Salz, Pfeffer und Zucker würzen. Die Masse abkühlen lassen.

3 Für den Teig Mehl in eine Rührschüssel geben und mit Hefeteig Garant vermischen. Wasser und Öl hinzufügen. Die Zutaten mit Handrührgerät mit Knethaken zunächst kurz auf niedrigster, dann auf höchster Stufe in etwa 2 Minuten zu einem glatten Teig verarbeiten.

4 Den Teig auf einer leicht bemehlten Arbeitsfläche zu einem Rechteck (etwa 30 x 50 cm) ausrollen. Die Bacon-Champignon-Masse darauf verteilen, dabei rundherum einen etwa 2 cm breiten Rand frei lassen. Die Teigränder mit Wasser bestreichen. Den Teig von der längeren Seite her aufrollen, auf ein Backblech (mit Backpapier belegt) legen, zu einem Ring formen und etwa 15 Minuten ruhen lassen.

5 Den Backofen vorheizen.
Ober-/Unterhitze: etwa 200 °C
Heißluft: etwa 180 °C

6 Den Teigring rundherum in etwa 3 cm dicke Scheiben schneiden, dabei den Ring nicht ganz bis zur Innenkante durchschneiden. Die Teigscheiben nach außen drehen und flach auf das Backpapier legen. Der Ring bleibt dabei erhalten! Den Teigring mit Öl bestreichen.

Zubereitungszeit: 45 Minuten, ohne Abkühl- und Ruhezeit • Backzeit: 30–35 Minuten
Insgesamt: E: 75 g, F: 68 g, Kh: 295 g, kJ: 9025, kcal: 2154, BE: 24,0

Pro Ring etwa **4,15 €**

7 Das Backblech auf mittlerer Einschubleiste in den vorgeheizten Backofen schieben. Den Ring **30–35 Minuten backen.**

8 Den Partyring mit dem Backpapier vom Backblech auf einen Kuchenrost ziehen und erkalten lassen.

Pikant

Quiche Lorraine

Für den Knetteig: 250 g Weizenmehl • 1 Msp. Dr. Oetker Backin • 1 Prise Salz •
1 Ei (Größe M) • 2 EL kaltes Wasser • 125 g weiche Butter oder Margarine
Für den Belag: 120 g durchwachsener Speck • 100 g Gouda-Käse • 4 Eier (Größe M) •
200 g Schlagsahne • Salz • frisch gemahlener Pfeffer • frisch geriebene Muskatnuss

1 Den Backofen vorheizen.
Ober-/Unterhitze: etwa 200 °C
Heißluft: etwa 180 °C

2 Für den Teig Mehl mit Backpulver in einer Rührschüssel mischen. Übrige Zutaten für den Teig hinzufügen und alles mit Handrührgerät mit Knethaken zunächst kurz auf niedrigster, dann auf höchster Stufe zu einem Teig verarbeiten. Anschließend den Teig mit den Händen zu einer Kugel formen.

3 Zwei Drittel des Teiges in der Größe eines Tarte- oder Springformbodens (Ø 26–28 cm) ausrollen und als Teigboden in die Tarte- oder Springform (gefettet) legen oder auf dem Boden der Springform ausrollen und den Springformrand darumlegen.

4 Den übrigen Teig zu einer langen Rolle formen, als Rand auf den Teigboden legen und so an die Form drücken, dass ein etwa 2 cm hoher Rand entsteht. Den Boden mehrmals mit einer Gabel einstechen. Die Form auf dem Rost auf mittlerer Einschubleiste in den vorgeheizten Backofen schieben. Den Boden **etwa 15 Minuten vorbacken.**

5 Für den Belag den Speck fein würfeln, in einem Topf andünsten und etwas abkühlen lassen. Käse in feine Streifen schneiden. Speck mit Käse, Eiern und Schlagsahne verrühren, mit Salz, Pfeffer und Muskatnuss würzen. Den Belag auf dem vorgebackenen Boden verteilen.

6 Die Form wieder auf dem Rost in den Backofen schieben und bei gleicher Backofeneinstellung **weitere etwa 25 Minuten** backen.

7 Die Quiche noch warm und nach Belieben mit Kräuterblättchen garniert servieren.

Zubereitungszeit: 40 Minuten • Backzeit: etwa 40 Minuten
Insgesamt: E: 180 g, F: 264 g, Kh: 180 g, kJ: 15060, kcal: 3600, BE: 18,0

Pro Quiche etwa **3,15 €**

Super einfach

Schnelle Flammküchle

1 Pck. TK-Blätterteig (450 g, 6 rechteckige Platten)
Für den Belag: 150 g Crème fraîche • 1 Beutel oder Pck. Pfeffersauce (erhältlich im Supermarkt) • 100 g geräucherter, durchwachsener Speck • einige Petersilienstängel

1 Die Blätterteigplatten nebeneinander zugedeckt nach Packungsanleitung auftauen lassen. Die Blätterteigplatten jeweils in 4 Stücke schneiden und auf ein Backblech (mit Backpapier belegt) legen.

2 Den Backofen vorheizen.
Ober-/Unterhitze: 180–200 °C
Heißluft: 160–180 °C

3 Für den Belag Crème fraîche mit dem Pfeffersaucenpulver glatt rühren und auf die Teigstücke streichen.

4 Speck in feine Streifen schneiden und darauf verteilen. Das Backblech auf mittlerer Einschubleiste in den vorgeheizten Backofen schieben. Die Flammküchle **10–15 Minuten backen.**

5 Die Flammküchle mit dem Backpapier vom Backblech auf einen Kuchenrost ziehen. Flammküchle etwas abkühlen lassen.

6 Petersilie abspülen und trocken tupfen. Die Blättchen von den Stängeln zupfen. Blättchen klein schneiden. Die Flammküchle damit bestreuen.

Die Flammküchle schmecken kalt und warm.

Für schnelle Salamiküchle (24 Stück: etwa 3,40 €) den Blätterteig wie beschrieben vorbereiten. Für den Belag die Crème fraîche mit einem Päckchen Tomatensaucenpulver und einem Teelöffel gerebelten Oregano verrühren, auf den Teigstücken verteilen. Dann 100 g in Scheiben geschnittene Salami in Streifen schneiden und darauf verteilen. Die Salamiküchle wie angegeben backen.

Zubereitungszeit: 20 Minuten, ohne Auftau- und Abkühlzeit • Backzeit: 10–15 Minuten
Insgesamt: E: 50 g, F: 187 g, Kh: 178 g, kJ: 10777, kcal: 2582, BE: 15,0

270 | Herzhaftes Gebäck

Ratgeber Kochen

Gut planen – entspannt genießen

„Essen hält Leib und Seele zusammen". Essen gibt Energie und hält gesund – wenn es das Richtige ist. Vor allem aber: Essen muss schmecken. Und am besten schmeckt es, wenn es gut zubereitet, abwechslungsreich und immer wieder ein bisschen neu ist. Dass das nicht eine Frage des Budgets ist, das möchten wir mit diesem Buch zeigen. Alles, was Sie jetzt brauchen, ist Zettel und Bleistift – denn eine Genusswoche beginnt mit guter Planung.

Einkaufen für die Genusswoche

- Stellen Sie einen Speiseplan für die ganze Woche auf – für jeden Tag ein Gericht, das allen gut schmeckt. Behalten Sie dabei Ihre Vorräte im Blick, vor allem die, die bald aufgebraucht werden müssen.

- Schreiben Sie auf, was Sie dafür alles brauchen. Setzen Sie Zutaten, die Ihnen während der Woche ausgehen könnten, gleich mit auf die Einkaufsliste.

- Entscheiden Sie, wann Sie einkaufen wollen. Am besten ist es, für 4 Tage (z. B. Montag bis Donnerstag) und für 3 Tage (z. B. Freitag bis Sonntag) zu planen, denn dann können Sie die Frischprodukte, wie Milch, Obst und Gemüse, 2-mal wöchentlich wirklich frisch einkaufen.

- Wenn Sie vor Ihrer Planung einen Blick auf Handzettel und Werbeprospekte „Ihrer" Supermärkte werfen, finden Sie sicher das eine oder andere günstige Angebot, das genau zu Ihrem Speiseplan passt.

1 Bund Möhren
1 Bund Suppengrün
500 g Tomaten
1 Salatgurke
4 Äpfel
500 g Nudeln
500 g Gehacktes
halb Rind-/halb Schweinefleisch
1 Pck. Butter
1 Becher Crème fraîche
1 L Milch
6 Eier
1 Vollkornbrot

> **Immer alles im Haus? So geht es**
> Keine Brühe für das Gemüse und keine Bohnen für den Bohneneintopf – damit Ihnen das nicht passiert, planen Sie mit „Weitblick".
> Bewährt hat sich folgendes „Einkaufsschema":
>
> *1 x im Monat* — Großeinkauf von Konserven und Dosen, TK-Produkten, Getränken, Nährmitteln (z. B. Reis, getrocknete Nudeln, Mehl), Hülsenfrüchten, Gewürzen
>
> *2 x in der Woche* — Frischeeinkauf (z. B. Gemüse, Obst, Molkereiprodukte, Fleisch, Wurst, frische Nudeln)

Tipps für das Portemonnaie

- Kaufen Sie nur das, was auf dem Einkaufszettel steht.

- Vermeiden Sie lange Einkaufswege mit dem Auto bzw. kalkulieren Sie die Fahrtkosten mit ein. Für ein bestimmtes Sonderangebot lohnt sich ein weiter Weg nur selten.

- Preise vergleichen lohnt sich! Denn oft gibt es das gleiche Produkt von einem anderen Hersteller deutlich günstiger. Achten Sie auch auf die Packungsgröße: Ist der Grundpreis je 100 Gramm bei einer Großpackung wirklich niedriger als bei der kleinen? Und vor allem: Brauchen Sie die Großpackung wirklich auf?

- Hungrig sollten Sie nie einkaufen. Denn wer Hunger hat, wird verführbar, und die Gefahr ist groß, dass Zusätzliches gekauft wird.

- Wenn man sich strikt an sein Budget halten will, ist es einfacher, den Einkauf ohne Kinder zu machen. Nur so erliegt man nicht der Versuchung, Sonderwünsche der kleinen Naschkatzen zu erfüllen. Aber nicht immer ist das möglich. Ein kleiner Trick ist dann erlaubt: Planen Sie die Lieblingsspeise Ihrer Kinder für den Einkaufstag ein, und lassen Sie sie im Supermarkt die Zutaten dafür zusammentragen.

So richtig frisch

1. Tipps für den Obst- und Gemüsekauf

Wenn Obst und Gemüse schön frisch sein soll, kaufen Sie das, was bei uns Saison hat. Bei regionalen Produkten entfallen lange Transportwege, und die Ware ist meist nicht nur frischer, sondern auch preiswerter.

Und in der kalten Jahreszeit? Hier bringen TK-Produkte „vitamingeschonte" Vielfalt auf den Tisch und das zu günstigen Preisen.

2. Tipps für den Kauf von Fleisch und Wurstwaren

Gute Fleischqualität von außen zu erkennen, ist nicht ganz einfach. Kaufen Sie keine Fleisch- und Wurstwaren, die angetrocknet und grau aussehen.

Frisches Fleisch riecht frisch! Sobald Ihre Nase bei frisch gekaufter Ware etwas zu beanstanden hat, ist es das Beste, Sie bringen sie zurück.

Abgepacktes Fleisch sollten Sie nur kaufen, wenn keine blutige Flüssigkeit in der Verpackungsschale steht.

3. Tipps für den Kauf von Fisch

Ob ganze Fische frisch sind, erkennen Sie an ihren Augen: Sie sind klar und prall, und die Linsen sind nach außen gewölbt; die Kiemen sind leuchtend rot und die Schuppen fest.

Fischfiletstücke sind frisch, wenn sie glatt und glänzend aussehen.

Frischer Fisch und aufgetauter TK-Fisch riecht nicht (unangenehm) „fischig", sondern bestenfalls (unauffällig) nach Meer.

4. Tipps für den Kauf von Milch und Milcherzeugnissen

Milch, Joghurt, Frischkäse und andere Milchprodukte gehören zu den Waren, die besonders schnell verderben – da schützt nur einer genauer Blick aufs Haltbarkeitsdatum vor unangenehmen Überraschungen.

Zusatztipps: Kühlen und Tiefkühlen

– Frische Lebensmittel, die gekühlt werden müssen (z. B. Fleisch, Wurst, Fisch, Frischmilch usw.), transportieren Sie nach dem Einkauf in Kühltaschen nach Hause.

– Für TK-Produkte ist eine ununterbrochene Kühlung notwendig. Nutzen Sie zusätzlich Kühlakkus, um Ihren Einkauf sicher nach Hause zu bringen.

– Lebensmittel, die nur gekühlt bzw. tiefgekühlt haltbar sind, sortieren Sie sofort nach dem Einkauf in den Kühlschrank bzw. die Gefriertruhe.

– Frische, unverpackte Wurstwaren oder Käse von der Wurst- bzw. Käsetheke bewahren Sie am besten in dicht schließenden Frischhalteboxen im Kühlschrank auf.

Macht Vorrat noch Sinn?

Ja! Auch wenn die Vorratshaltung heutzutage nicht mehr die gleiche Bedeutung hat wie zu Großmutters Zeiten. Meist fehlt der Platz. Es gibt kaum noch Vorratskammern oder Keller, in denen sich Lebensmittel über einen längeren Zeitraum optimal lagern lassen.

Aber eine „eiserne Reserve" schützt Sie vor preisintensiven „Spontaneinkäufen". Und wenn einmal überraschend Gäste in der Tür stehen, haben Sie immer etwas zur Hand, aus dem Sie das eine oder andere leckere Gericht zubereiten können.

Vorschläge für den Vorratsschrank
- Nährmittel (z. B. Teigwaren, Mehl, Reis), getrocknete Hülsenfrüchte, Backzutaten wie Backpulver, Trockenbackhefe, aber auch Salz, Zucker, Speisestärke, Pudding- und Dessertsaucen-Pulver.
- Dosen und Konserven (z. B. passierte und/oder geschälte Tomaten, saure Gurken, Bohnen, Erbsen und Möhren, Sauerkraut) aber auch 1–2 Obstkonserven (z. B. Pfirsiche, Mandarinen, Ananas) und Konfitüre.
- Senf, Ketchup, Tomatenmark, Konfitüre, Instant-Brühe (z. B. Gemüse- oder Fleischbrühe), Speiseöl, H-Milch.

Tipps: Füllen Sie den Inhalt angebrochener Packungen in dicht schließende Vorratsbehälter z. B. aus Kunststoff oder Glas. Versehen mit einem Etikett, auf dem Sie Inhalt, Tag der Umfüllung und Haltbarkeitsdatum verzeichnet haben, sind Sie immer auf der sicheren Seite.

Vorschläge für den ungekühlten „Frische-Vorrat"
- Kartoffeln, Zwiebeln, evtl. Knoblauch
- etwas Obst wie Äpfel, Kiwis oder Bananen und Gemüse wie Salatgurke, Tomaten, Möhren oder Kohlrabi, je nach persönlicher Vorliebe
- Zitronen

Vorschläge für den TK-Vorrat
- Fisch, z. B. Seelachsfilet oder Fischstäbchen
- evtl. Brot oder Brötchen
- Gemüse oder Gemüsemischungen, z. B. Erbsen, Spinat, grüne Bohnen
- Pommes frites oder Kroketten oder Kartoffelpuffer oder Kartoffel-Wedges
- TK-Kräuter, z. B. gemischte Kräuter oder Petersilie oder Schnittlauch

---

Hinweis

Wo auch immer Sie Ihre Vorräte lagern – im Küchenschrank, im Keller oder in der Speisekammer: Überprüfen Sie regelmäßig das Mindesthaltbarkeitsdatum. Hat sich irgendwo Schimmel gebildet oder unangenehmer Geruch breit gemacht? Dann hilft alles nichts: Entsorgen Sie überlagerte und verdorbene Lebensmittel! Das trifft auch auf Konserven zu, deren Deckel bzw. Böden sich nach außen wölben: Nicht öffnen, sondern weg damit!
Neu gekaufte Vorrats-Lebensmittel stellen Sie immer gleich hinter die „älteren" Vorräte, damit diese zuerst verbraucht werden.

Vorschläge für den „Kühlschrank-Vorrat"
- Eier
- Butter und Margarine
- Quark oder Joghurt
- Frischmilch
- Crème fraîche oder saure Sahne, Schlagsahne
- Käse

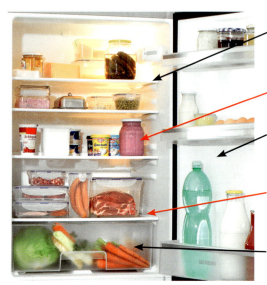

Lagerung im Kühlschrank
Ganz oben können Käse und eventuelle Speisereste (in verschlossenen Vorratsbehältern) gelagert werden.

Darunter fühlen sich Milchprodukte, wie z. B. Quark und Joghurt wohl.

In die Kühlschranktür kommen Butter, Margarine, Eier, offene Konfitüre und meist auch Getränke.

Auf der Glasplatte ist die kälteste Zone, da kommen Fleisch, Wurstwaren und Fisch hin.

Obst und Gemüse kommen nach unten ins Gemüsefach.

Ein Kühlschrank für alles?
Nein. Einige Lebensmittel gehören nicht in den Kühlschrank, z. B. Brot, Kartoffeln, Bananen und Speiseöl.
Ein Kühlschrank schützt auch nicht davor, dass Gerüche übertragen werden. Damit der Fruchtjoghurt nicht nach Käse schmeckt, verpacken Sie die Lebensmittel getrennt voneinander. Auf diese Weise vermeiden Sie auch, dass gegarte Speisen mit rohen in Berührung kommen.

Küchenspartipps
- Wenn Lebensmittel im Angebot sind, die gern und oft bei Ihnen gegessen werden, machen Sie sich das zunutze: Tomaten z. B. kann man zu einem leckeren Tomatensaucen-Vorrat verarbeiten. Portionsweise in gefriergeeigneten Behältern eingefroren, lässt sich die Sauce bei Bedarf rasch auftauen und z. B. mit angebratenem Hackfleisch schnell zu einer Nudelsauce verarbeiten.

- Ist vom Essen etwas übrig geblieben, die Reste schnell abkühlen lassen und ab in den Kühlschrank damit. Am anderen Tag wieder aufgewärmte Speisen schmecken oft besonders lecker. Mit Reis oder Nudeln und anderen passenden Zutaten wird daraus schnell ein neues Essen „gezaubert".

- Brot oder Brötchen sind trocken und hart geworden? Nicht gleich wegwerfen! Rösten Sie Croûtons daraus – viele Suppen oder Salate erhalten so den richtigen Pfiff. Auch Frikadellen oder Hackbraten werden lockerer, wenn Sie zu Semmelbröseln geriebenes, trockenes Brot darunter mischen.
- Käsereste werden leicht trocken und sind dann als Brotauflage nicht wirklich lecker. Gerieben oder klein geschnitten eignen sie sich noch zum Überbacken einfacher Gerichte.
- Die Wurst ist zwar noch gut, aber schon ziemlich unansehnlich? Braten Sie sie zusammen mit Kartoffelscheiben und klein gewürfelten Zwiebeln in der Pfanne an. Schon haben Sie im Handumdrehen eine deftige Bratkartoffel-Mahlzeit! Alternativ: Einfach Eier zur angebratenen Wurst in die Pfanne schlagen und dazubraten. Das Ganze mit frischem Brot und Salat servieren.

Energiesparend kochen

- Kochen Sie möglichst nicht ohne Deckel – das verlängert nicht nur die Garzeit, sondern kostet auch Geld! Töpfe mit gut schließenden Deckeln sind ideal, um die Wärme im Topf optimal zu nutzen. Gut geeignet sind Glasdeckel, sodass man sieht, was im Topf vor sich geht. So brauchen Sie den Deckel nicht so oft abzunehmen, und schon haben Sie wieder Energie gespart.

- Kochen Sie im richtigen Topf – nicht zu groß und nicht zu klein – und auf der richtigen Plattengröße. Faustregel: Der Topfboden sollte der Plattengröße vom Herd entsprechen. Ein kleiner Topf auf einer größeren Kochstelle verbraucht unnötig Energie und Wärme geht verloren. Aber auch ein zu großer Topf auf einer kleinen Kochstelle ist nicht optimal. Der Vorgang des Ankochens dauert zu lang, da keine schnelle Wärmeübertragung erfolgen kann.
- Schalten Sie die Kochstelle erst ein, wenn der Topf mit dem Kochgut daraufsteht.
- Lassen Sie sich die Restwärme der Kochplatten bei Elektroherden und im Backofen nicht entgehen! Fast immer können Backofen oder Kochstelle schon 5 Minuten früher ausgeschaltet werden, ohne dass das Ergebnis darunter leidet.

Ratgeber Backen

Gut vorbereitet – entspannt backen

Jeder mag den verführerischen Duft von selbst Gebackenem. Und preiswerter als ein beim Bäcker oder Konditor gekaufter Kuchen ist es auch. Außerdem wissen Sie ganz genau, welche Zutaten Sie verarbeitet haben. Doch das Wichtigste dabei: Selbst zubereitete Torten und Blechkuchen schmecken immer am besten.

Wenn Sie sich für einen oder mehrere Kuchen entschieden haben, dann hilft Ihnen folgende Vorgehensweise.

Die Vorbereitung des Einkaufs

1. Was brauche ich?

Schreiben Sie die im Rezept angegebenen Zutaten auf einen Notizzettel. Dabei ist es hilfreich die Zutaten nach Kühl- und Tiefkühlprodukten, Nährmitteln, Konserven und Obst zu ordnen.

2. Was habe ich im Haus?

Überprüfen Sie, welche der benötigten Zutaten Sie vorrätig haben. Schreiben Sie die Zutaten, die noch gekauft werden müssen, auf Ihren Einkaufszettel.

3. Wo bekomme ich günstige Zutaten?

Werfen Sie vor dem Einkaufen einen Blick auf die Handzettel und Werbeprospekte der Supermärkte in Ihrer Nähe. Hier finden Sie oft das eine oder andere günstige Angebot von Backzutaten.

So schonen Sie Ihr Portemonnaie

Tipp 1: Kaufen Sie nur das, was auf dem Einkaufszettel steht.

Tipp 2: Vermeiden Sie lange Einkaufswege mit dem Auto bzw. kalkulieren Sie die Fahrtkosten mit ein. Für ein bestimmtes Sonderangebot lohnt sich ein weiter Weg nur selten.

Tipp 3: Preise vergleichen lohnt sich! Achten Sie auch auf die Packungsgröße: Ist der Grundpreis je 100 Gramm bei einer Großpackung wirklich niedriger als bei der kleinen? Und vor allem: Brauchen Sie die größere Packung wirklich auf?

Tipp 4: Gehen Sie nicht hungrig einkaufen. Wer Hunger hat, wird verführbar, und die Gefahr ist groß, dass Zusätzliches gekauft wird.

Zusatztipps: Eier, Milch, Schlagsahne, Quark und andere Milchprodukte gehören zu den Erzeugnissen, die besonders schnell verderben: Hier schützt nur ein genauer Blick auf das Haltbarkeitsdatum vor unangenehmen Überraschungen.
Vor allem im Sommer transportieren Sie diese kühlpflichtigen Lebensmittel am sichersten in Kühltaschen nach Hause.

Vorrat an Backzutaten – Zeitersparnis

Die Grundausstattung an Lebensmitteln zum Backen ist nicht so umfangreich. Sie findet im Vorratsschrank und Kühlschrank Platz. Damit sind Sie für spontane Backlust und überraschenden Kaffeetafelbesuch gut vorbereitet. Außerdem schützen Sie sich so vor preis- und zeitintensiven Spontaneinkäufen.

Vorschläge für den Vorratsschrank:

- Weizenmehl (Type 405), Zucker, Backpulver, Trockenbackhefe, Vanillin-Zucker, Speisestärke, Pudding- und Dessertsaucen-Pulver, weiße Gelatine
- evtl. gemahlene Mandeln und Haselnusskerne
- 2–3 Obstkonserven (z. B. Mandarinen, Sauerkirschen, Aprikosen) und Konfitüre
- H-Milch, H-Schlagsahne
- Zitronensaft

Zusatztipp: Füllen Sie den Inhalt angebrochener Mehl- und Zuckerpackungen in dicht schließende Vorratsbehälter. Versehen Sie diese mit einem Etikett, auf dem Sie den Inhalt, den Tag der Umfüllung und das Haltbarkeitsdatum schreiben. So behalten Sie besser den Überblick über das Alter Ihrer Vorräte.

Vorschläge für den ungekühlten „Frische-Vorrat"

- Obst je nach einheimischer Saison und persönlicher Vorliebe
- Bio-Zitronen (unbehandelt, ungewachst)

Vorschläge für den „Kühlschrank-Vorrat"

- Eier (Größe M)
- Butter und Backmargarine
- Quark und Joghurt
- Frischmilch
- Schlagsahne

Tipp: Wo auch immer Sie Ihre Vorräte lagern – im Küchenschrank, in der Speisekammer oder im Kühlschrank: Überprüfen Sie regelmäßig das Mindesthaltbarkeitsdatum. Hat sich irgendwo Schimmel gebildet oder unangenehmer Geruch breitgemacht? Dann hilft alles nichts: Entsorgen Sie überlagerte und verdorbene Lebensmittel! Das trifft auch auf Konserven zu, deren Deckel bzw. Böden sich nach außen wölben: Nicht öffnen, sondern weg damit!

Neu gekaufte Vorrats-Lebensmittel stellen Sie immer gleich hinter die „älteren" Vorräte, damit diese zuerst verbraucht werden.

Die Qualität der Backzutaten garantiert den Backerfolg

Frische und einwandfreie Zutaten sichern die Qualität von selbst Gebackenem. Zu lange gelagerte und minderwertige Zutaten können das Gebäck verderben. Jeder ärgert sich über die investierte Zeit, die Kosten für die Zutaten und den Energieverbrauch. Und die Erkenntnis, am falschen Ende gespart zu haben, weil man den Kuchen doch wieder beim Bäcker kaufen muss, schafft Unzufriedenheit.

Auch Schädlinge mögen Backzutaten

Backzutaten bieten ideale Lebensbedingungen für Motten, Milben und Käfer. Wenn Sie keine krabbelnde Überraschung erleben und Gesundheitsgefahren meiden möchten, sollten Sie Ihre Backzutaten regelmäßig überprüfen. Halten Sie Ihre Schränke sauber. Lagern Sie Ihre Backzutaten kühl und trocken, am besten in fest verschließbaren Gefäßen.

Im Verdachtsfall werfen Sie Produkte lieber weg.

Mehle, Fette, Zucker und Eier – ohne diese Backzutaten geht meist nichts

Welches Mehl für welches Backwerk?

Weizenmehl (Type 405) ist das beliebteste Haushalts- und Kuchenmehl.
Es ist sehr fein und wird wegen seiner guten Backeigenschaften am häufigsten für Torten und Kuchen verwendet.

Weizenmehl (Type 550) eignet sich gut für lockere, gut aufgehende Teige, wie Hefeteige. Neben Kuchen und Gebäck gelingen auch helle Brotsorten und Brötchen mit diesem Mehl besonders gut.

Dinkelmehl wird wie Weizenmehl verarbeitet. Zum Backen eignet sich die Type 630 am besten.

Vollkornmehle sind nicht für alle Gebäcke geeignet und können auch nicht ohne weiteres im Rezept das Weißmehl ersetzen. Vollkornmehle brauchen mehr Flüssigkeit und ihre Backfähigkeit ist geringer. Ihr Backwerk könnte dadurch schnell zu trocken und fest werden.

Butter oder Margarine?

Ohne Fett gelingt fast nichts. Mit Ausnahme von Biskuitteig gibt es keinen Teig, der ohne Fett auskommt. Und das aus guten Backgründen.

Fett erfüllt viele Aufgaben: Der Teig wird geschmeidig, das Gebäck saftig und alles bleibt länger frisch. Fett kann aber noch mehr: Am gefetteten Blech oder der Form bleibt so schnell nichts hängen.

Ob Sie Butter, Margarine oder beides vermischt verwenden – alles funktioniert.

Butter verleiht Kuchen und Gebäck ein feines Aroma und sorgt für den unvergleichlichen Geschmack. Da die Butter bei der Aufbewahrung im Kühlschrank eine sehr feste Konsistenz hat, sollten Sie sie rechtzeitig herausnehmen. Bei Zimmertemperatur lässt sie sich leicht geschmeidig rühren und verteilen.

Margarine wird vorwiegend aus pflanzlichen Fetten hergestellt. Zum Backen sollten Sie nur Margarine verwenden, die laut Verpackungsaufschrift auch dafür geeignet ist. Margarine bleibt auch im Kühlschrank streichfähig und geschmeidig. Sie verbindet sich gut mit den übrigen Backzutaten und lässt sich leicht unterrühren.

Ein Zucker für alles?

Zucker ist nicht nur für den süßen Geschmack wichtig, sondern bewirkt beim Backen eine gleichmäßig gebräunte Oberfläche des Gebäcks.

Raffinade, der übliche Haushaltszucker, ist als weißer Streuzucker in verschiedenen Körnungen erhältlich und gut zum Backen geeignet.

Puderzucker ist staubfein gemahlene Raffinade und wird für Glasuren und zum Bestäuben von Torten und Gebäck verwendet.

Brauner Zucker ist eine Sammelbezeichnung für Zucker von bräunlicher Farbe (z. B. Rohrzucker oder Kandisfarin).

Hauptsache frisch: Eier

Schauen Sie auf das Legedatum oder die Mindesthaltbarkeit der Eier – sie sollten zum Backen nicht älter als 2 Wochen sein. Eier werden hinsichtlich ihres Gewichtes in 4 Gewichtsklassen eingeteilt. Zum Backen werden meist Eier der Gewichtsklasse M verwendet.

Wenn Sie unsicher sind, ob ein Ei frisch ist, geben Sie es in ein Glas mit Wasser: Ganz frisch ist es, wenn es flach am Boden liegen bleibt, ein paar Tage alt, wenn sich die Spitze leicht nach oben hebt. Steht das Ei senkrecht im Wasser ist es 2 bis 3 Wochen alt und muss schnell verbraucht werden.

Tipp: Schlagen Sie jedes Ei einzeln in einer Tasse auf, um ein verdorbenes Ei aussortieren zu können und eventuelle Eierschalenstücke zu entfernen.

Hühnereier übernehmen drei wichtige Aufgaben für den Backerfolg.
1. Gemeinsam mit dem Mehl festigen sie die Krume des Backwerks.
2. Da das Eigelb sowohl wasser- als auch fettlöslich ist, werden alle Zutaten zu einem glatten Teig verbunden.
3. Das zu Eischnee geschlagene Eiweiß lockert bei der Zubereitung den Teig oder die Füllung auf.

Backformen und Backhelfer

Die richtige Backform – eine grundlegende Entscheidung

Für das Backen unterschiedlicher Teige ist das Material und die Qualität der Backformen entscheidend. Aber auch das vorhandene Herdsystem sollten Sie beim Kauf von Backformen berücksichtigen, damit Sie nicht in die falsche Form investieren und unnötig Geld ausgeben.

Schwarzblechformen haben eine gute Wärmeleitfähigkeit, Antihaftwirkung und sind säurebeständig. Sie sind ideal für Elektro- und Heißluftherde.
Weißblechformen eignen sich besonders für Gasbacköfen, sind aber nicht säurebeständig. Die zeitgemäße Antihaft-Beschichtung der Weiß- und Schwarzblechformen sorgt dafür, dass sich die Gebäcke leichter aus der Form lösen.
Emaillebackformen verfügen meistens über eine Quarz-Emaille-Beschichtung. Sie sind schnitt- und kratzfest, absolut fruchtsäurebeständig und zeigen sehr gute Antihaftwirkung. Das Gebäck bräunt darin gleichmäßig und intensiv.
Keramikformen speichern die Hitze zunächst und geben sie erst dann an das Backgut weiter. Keramikformen sind in allen Herdarten einsetzbar. Die Formen gut fetten und mit Semmelbröseln ausstreuen.
Silikonformen sind flexible Backformen, die sich platzsparend verstauen lassen. Sie sind spülmaschinenfest und für alle Herdarten geeignet.

Hoch hinaus oder flach weg – für die Rezepte in diesem Buch benötigen Sie nur folgende klassische Backformen:
- 1 Backblech (30 x 40 cm)
- 1 Springform (Ø 26 cm)
- 1 Gugelhupfform (Ø 22–24 cm)
- 1 Tarteform (Ø 26–28 cm)
- 1 Kastenform (25 x 11 cm)

Praktische Backhelfer – erleichtern das Backen

Beim Backen sollten Sie die im Rezept angegebenen Zutatenportionen genau einhalten. Das Arbeiten nach Augenmaß führt nicht zum gewünschten Kuchenerfolg. Neben Küchenwaage, Maßgefäßen, Rührschüssel, Schneebesen und Teigrolle erleichtern Ihnen diese kleinen Backhelfer das Kuchenbacken:

- Ein Backpinsel hilft beim Einfetten der Form und beim Bestreichen von Gebäck und dem Auftragen von Glasuren.
- Ein Teigschaber eignet sich zum Unterheben lockerer Massen, zum Umfüllen und Verstreichen von Teigen. Außerdem minimiert er die Teigreste in der Rührschüssel.
- Eine Teigkarte kann Teig teilen, Teigreste von der Arbeitsfläche schaben und auch Teige und Cremes glatt streichen.
- Ein Tortenheber ist nicht nur zum Servieren von Tortenstücken nützlich, mit ihm lassen sich ebenfalls Sahne und Cremes gut verstreichen.
- Eine Tortengarnierscheibe, auch Kuchen- oder Tortenretter genannt, erleichtert das Umsetzen von Torten und Abheben geschnittener Tortenböden.
- Ein kleines Sieb verteilt Puderzucker oder Kakao gleichmäßig auf dem Kuchen oder der Torte.

Allgemeine Hinweise zum Buch

„Heute koche ich etwas Leckeres!" Da möchte man gleich die Ärmel hochkrempeln und den Kochlöffel schwingen. Bevor Sie damit beginnen, möchten wir Ihnen einige Tipps und Anmerkungen mit auf den Weg geben.

Die Kosten pro Portion ergeben sich aus Durchschnittspreisen, die wir von Discountern und Supermärkten ermittelt haben. Sie können je nach Saison und aktueller Marktlage schwanken. Auch die Kostenangaben in den Rezeptvarianten beinhalten die Gesamtkosten pro Portion.

Nichts vergessen? Die Vorbereitung

Lesen Sie vor der Zubereitung – am besten noch vor dem Einkaufen – das Rezept einmal ganz durch. So wird nichts vergessen und Arbeitsabläufe werden klarer.

Ein Blick auf die Uhr: Die Zubereitungszeit

Bei jedem Rezept finden Sie die Zubereitungszeit. Sie ist ein Orientierungswert und abhängig von Ihrer Kocherfahrung. Längere Wartezeiten wie z. B. Kühl- oder Abkühlzeiten, Auftau- und Durchziehzeiten, sind darin nicht enthalten.

Alles gar? Die Gartemperatur und Garzeit

Die meisten Backöfen unterscheiden sich etwas in ihrer individuellen Hitzeleistung. Aus diesem Grund sind die in den Rezepten angegebenen Gartemperaturen und Garzeiten Richtwerte, die über- oder unterschritten werden können. Die Temperaturangaben in diesem Buch beziehen sich auf Elektrobacköfen. Wenn Sie mit einem Gasbackofen arbeiten, orientieren Sie sich an der Gebrauchsanleitung des Herstellers. Ein Backofenthermometer, das es für wenig Geld im Haushaltswarengeschäft gibt, hilft die Backofentemperatur im Blick zu haben.

Kurz und knapp: Die Abkürzungen und Symbole

EL	= Esslöffel		E	= Eiweiß
TL	= Teelöffel		F	= Fett
Msp.	= Messerspitze		Kh	= Kohlenhydrate
Pck.	= Packung/Päckchen		kJ	= Kilojoule
g	= Gramm		kcal	= Kilokalorien
kg	= Kilogramm		BE	= Broteinheiten
ml	= Milliliter			
l	= Liter			
evtl.	= eventuell			= Tipp zum Rezept
geh.	= gehäuft			= empfohlene Beilage
gestr.	= gestrichen			= Rezeptvariante
TK	= Tiefkühlprodukt			
°C	= Grad Celsius			
Ø	= Durchmesser			

Kapitelregister

Suppen und Eintöpfe

Curry-Linsen-Suppe . . . . Seite 18
Gemüseeintopf . . . . Seite 20
Grüne-Bohnen-Eintopf . . . . . . Seite 24
Hühnerbrühe . . . . Seite 12
Kartoffelsuppe mit
  Wiener Würstchen . . . . Seite 16
Käse-Porree-Suppe . . . . Seite 11
Linsensuppe . . . . Seite 19
Rindfleischbrühe . . . . Seite 10
Steckrübensuppe mit Salami . Seite 22
Tomatensuppe . . . . Seite 8
Wirsingeintopf mit
  grünen Bohnen . . . . Seite 14

Salate

Apfel-Sellerie-Rohkost . . . . . . Seite 43
Grüner Salat . . . . Seite 34
Gurkensalat . . . . Seite 35
Kartoffelsalat . . . . Seite 30
Käse-Tunfisch-Salat . . . . Seite 36
Linsensalat mit Senfdressing . Seite 32
Möhren-Apfel-Salat . . . . Seite 42
Pikant-fruchtiger Eisbergsalat . Seite 38
Spaghetti-Salat . . . . Seite 40
Tomatensalat . . . . Seite 31
Tortellini-Salat . . . . Seite 26
Wurst-Käse-Salat . . . . Seite 28

Snacks und Kleinigkeiten

Bauarbeiterbrötchen . . . . Seite 44
Fladenbrot-Pizza . . . . Seite 56
Gefüllte Kräuterkartoffeln . . . Seite 48
Kartoffel-Feta-Puffer
  vom Grill . . . . Seite 54
Kartoffel-Schinken-Tortilla . . . Seite 50
Pochierte Eier . . . . Seite 52
Zucchini-Porree-Tarte . . . . . . Seite 46

Aufläufe und Gratins

Farfalle-Gratin mit Spinat . . . Seite 60
Geflügelauflauf mit
  Camembert-Haube . . . . . . Seite 58
Kartoffelauflauf . . . . Seite 66
Maultaschen-Sauerkraut-
  Auflauf . . . . Seite 68
Ravioli-Käse-Auflauf . . . . Seite 62
Schupfnudeln mit Sauerkraut . Seite 64
Weißkohl-Mett-Lasagne . . . . Seite 70

Kartoffel-, Reis- und Nudelbeilagen

Bratkartoffeln . . . . Seite 79
Gedünsteter Reis . . . . Seite 80
Kartoffel-Mayo-Salat . . . . . . Seite 76
Kartoffel-Wedges . . . . Seite 73
Kartoffelgratin . . . . Seite 78
Kartoffelpüree . . . . Seite 74
Salzkartoffeln . . . . Seite 72
Spaghetti . . . . Seite 82
Spätzle . . . . Seite 83
Warmer Kartoffelsalat . . . . . Seite 77

Vegetarische Gerichte

Blechkartoffeln mit
  Kräuterquark . . . . Seite 96
Eier in Senfsauce . . . . Seite 93
Eier mit Frankfurter
  Grüner Sauce . . . . Seite 92
Gemüseragout . . . . Seite 88
Gulasch vom Wirsingkohl . . . Seite 94
Käsespätzle . . . . Seite 91
Nudel-Eier-Pfanne . . . . Seite 90
Überbackene
  Erbsen-Püree-Kartoffeln . . . . Seite 84
Überbackene Nudelspieße . . Seite 86

Register | 285

Fischgerichte

Fisch Caprese . . . . Seite 104
Fischröllchen auf
　Möhrengemüse . . . . Seite 98
Gebratenes Seelachsfilet. . . . Seite 106
Linsen-Fisch-Auflauf . . . . Seite 102
Pikante Fischrouladen
　in Tomatensauce . . . . Seite 108
Verhülltes Fischfilet . . . . Seite 100

Fleisch in Bestform

Frikadellen mit Mischgemüse . Seite 110
Gefüllte Paprikaschoten . . . . Seite 116
Geschnetzeltes mit Frischkäse . Seite 118
Hackbraten auf
　Kartoffelgratin . . . . Seite 120
Hähnchenbrust mit
　Mozzarella *(Titelrezept)* . . . . Seite 124
Hähnchenkeulen . . . . Seite 122
Hick-Hack-Pfanne. . . . . Seite 128
Kasseler Rippenspeer . . . . . . Seite 112
Puten-Champignon-Gulasch . Seite 114
Schweinebraten mit
　Kräuter-Senf-Hülle . . . . Seite 126

Süße Mahlzeiten und Desserts

Arme Ritter . . . . Seite 139
Fruchtiger Wackelpeter. . . . . Seite 136
Knusper-Obst-Salat. . . . . Seite 132
Milchreis. . . . . Seite 138
Pfannkuchen (Eierkuchen) . . . Seite 134
Pfirsich-Quark-Speise . . . . . . Seite 132
Quarkauflauf mit Äpfeln . . . . Seite 130

Kuchen aus der Form

Apfel-Rahm-Kuchen . . . . Seite 140
Apfeltarte . . . . Seite 160
Durstige Liese . . . . Seite 156
Faule-Weiber-Kuchen . . . . . . Seite 152
Feiner Schokoladen-
　Gugelhupf. . . . . Seite 174
Kirschkuchen mit Guss . . . . . Seite 144
Marmor-Becherkuchen . . . . . Seite 150
Marmorkuchen . . . . Seite 142
Möhrenkuchen. . . . . Seite 176
Mousse-au-Chocolat-Tarte . . Seite 164
Pflaumen-Streusel-Kuchen . . . Seite 148
Quark-Eierschecke . . . . Seite 172
Rührteig-Kastenkuchen . . . . . Seite 146
Schmandkuchen . . . . Seite 166
Schoko-Kirsch-Gugelhupf . . . Seite 170
Stachelbeerkuchen. . . . . Seite 158
Süßes Streuselbrot . . . . Seite 162
Zebrakuchen . . . . Seite 168
Zwetschen-Tarte. . . . . Seite 154

Blechkuchen

Apfel-Sahne-Kuchen. . . . . . . Seite 192
Apfel-Zimt-Schnecken . . . . . . Seite 212
Birnen-Schoko-Kuchen . . . . . Seite 196
Blitzkuchen . . . . Seite 206
Haselnusskuchen . . . . Seite 220
Holzfällerschnitten . . . . Seite 202
Kirschbutter-Kuchen . . . . Seite 214
Knusperkissen . . . . Seite 198
Kokosmilchkuchen . . . . Seite 184
Makronenkuchen . . . . Seite 194
Mandarinen-Mandel-Kuchen . Seite 200

Quarkkuchen . . . . Seite 178
Sägespänekuchen . . . . Seite 210
Schnelle Nussecken . . . . Seite 190
Schokoladen-Aprikosen-
   Kuchen . . . . Seite 218
Spiegeleiernester . . . . Seite 188
Streuselkuchen aus Thüringen Seite 186
Streuselkuchen mit Apfelmus . Seite 180
Wattekuchen mit Mandarinen Seite 204
Wiener Apfelstrudel . . . . Seite 222
Zitronen-Sahne-Rolle . . . . . . Seite 208
Zitronenkuchen . . . . Seite 182
Zuckerkuchen . . . . Seite 216

Torten

Apfel-Frischkäse-Torte . . . . . . Seite 234
Apfeltorte mit
   Zwiebackhaube . . . . Seite 228
Erdbeer-Schmand-Torte . . . . . Seite 232
Joghurt-Erdbeer-Torte . . . . . . Seite 240
Mitropa-Torte . . . . Seite 236
Orangentorte . . . . Seite 242
Russisch-Brot-Torte . . . . Seite 224
Schwimmbadtorte . . . . Seite 238
Tränchentorte . . . . Seite 226
Zitronen-Quark-Sahne-Torte . . Seite 230

Kühlschranktorten

Bunte Puffreistorte . . . . Seite 254
Kalter Hund . . . . Seite 258
Orangen-Butterkeks-Kuchen . Seite 248
Sauerkirsch-Frischkäse-Torte . Seite 244
Schneekönigin-Eistorte . . . . . Seite 252

Schnelle Frischkäsetorte . . . . Seite 246
Sommertorte mit Mandarinen Seite 256
Stracciatella-Schoko-Torte . . . Seite 250

Herzhaftes Gebäck

Gefüllter Partyring . . . . Seite 266
Partybrötchen mit Frischkäse . Seite 260
Quiche Lorraine . . . . Seite 268
Schnelle Flammküchle . . . . . . Seite 270
Tomatenbrote . . . . Seite 264
Würzige Käse-Tarte . . . . Seite 262

Ratgeber Kochen . . . . . . Seite 272

Ratgeber Backen . . . . . . Seite 278

Register | 287

Für Fragen, Vorschläge oder Anregungen stehen Ihnen der Verbraucher service der Dr. Oetker Versuchsküche Telefon: 00800 71 72 73 74 Mo.–Fr. 8:00–18:00 Uhr (gebührenfrei in Deutschland) oder die Mitarbeiter des Dr. Oetker Verlages Telefon: +49 (0) 521 52 06 58 Mo.–Fr. 9:00–15:00 Uhr zur Verfügung. Oder schreiben Sie uns: Dr. Oetker Verlag KG, Am Bach 11, 33602 Bielefeld. Oder besuchen Sie uns im Internet unter www.oetker-verlag.de, www.facebook.com/Dr.OetkerVerlag oder www.oetker.de.

Umwelthinweis	Dieses Buch und der Einband wurden auf chlorfrei gebleichtem Papier gedruckt. Die Einschrumpffolie – zum Schutz vor Verschmutzung – ist aus umweltfreundlichem und recyclingfähigem PE-Material.
Copyright	© 2014 by Dr. Oetker Verlag KG, Bielefeld
Redaktion	Jasmin Gromzik, Miriam Krampitz
Titelfoto	Hans-Joachim Schmidt, Hamburg
Innenfotos	Walter Cimbal, Hamburg (S. 13, 73, 83, 137, 155, 229, 271) Fotostudio Diercks: Thomas Diercks, Kai Boxhammer, Christiane Krüger, Hamburg (S. 9, 18, 19, 21, 23, 25, 37, 45, 53, 55, 57, 61, 63, 67, 75, 87, 89, 91, 92, 93, 105, 111, 113, 117, 119, 129, 135, 138, 139, 141, 143, 147, 153, 157, 167, 169, 171, 175, 181, 185, 189, 199, 201, 203, 209, 223, 225, 227, 231, 237, 239, 247, 249, 255, 259, 263, 265, 269) Ulli Hartmann, Halle/Westfalen (S. 95, 123, 149, 165, 195, 219, 241, 251 Antje Plewinski, Berlin (S. 11, 17, 27, 29, 30, 31, 33, 34, 35, 39, 41, 42, 43, 47, 49, 51, 65, 69, 72, 76, 77, 78, 79, 81, 85, 90, 97, 99, 101, 103, 107, 109, 115, 121, 127, 131, 133, 145, 151, 159, 161, 163, 173, 177, 179, 183, 187, 191, 193, 197, 205, 207, 211, 213, 215, 217, 221, 233, 235, 243, 245, 253, 257, 261, 267) Hans-Joachim Schmidt, Hamburg (S. 15, 59, 71, 125)
Foodstyling	Anke Rabeler, Berlin
Rezeptberatung	Annette Elges, Bielefeld
Nährwertberechnungen	Nutri Service, Hennef
Grafisches Konzept	kontur:design, Bielefeld
Satz und Gestaltung	MDH Haselhorst, Bielefeld
Titelgestaltung	kontur:design, Bielefeld
Reproduktionen	Longo AG, Bozen, Italien
Druck und Bindung	Proost NV, Belgien

Die Autoren haben dieses Buch nach bestem Wissen und Gewissen erarbeitet. Alle Rezepte, Tipps und Ratschläge sind mit Sorgfalt aus- gewählt und geprüft. Eine Haftung des Verlages und seiner Beauftragten für alle erdenklichen Schäden an Personen, Sach- und Vermögens- gegenständen ist ausgeschlossen. Nachdruck und Vervielfältigung (z. B. durch Datenträger aller Art) sowie Verbreitung jeglicher Art, auch auszugsweise, ist nur mit aus- drücklicher Genehmigung und Quellenangabe gestattet.

ISBN 978-3-7670-1353-7